**너의 화는
당연하다**

한 그루의 나무가 모여 푸른 숲을 이루듯이
청림의 책들은 삶을 풍요롭게 합니다.

너의 화는
당연하다

내 감정에 지쳐갈 때, 마음 잠언 148

박성만 지음

추수밭

마음의 바다가 들려주는 깊은 지혜의 말

우리는 각자의 마음에서 들려오는 소리를 들어야 한다. 그러려면 자아 ego가 마음의 중심을 향해 있어야 한다. 마음의 소리는 무의식에서 의식 위로 떠올라 의미 있는 통찰을 주는 것으로, 귀로 듣는 소리보다 더 강한 힘을 가지고 있다. 사람이 일생을 살아가면서 필요한 모든 성장요소는 마음속 깊은 곳에 다 저장되어 있다. 삶의 목적을 자기성장에 두는 분석심리학은 당신의 무의식에 귀를 기울일 것을 촉구한다. 무의식은 내면의 변화뿐만 아니라 물리적 작용을 일으켜 환경의 변화까지 이끌어 낸다. 마음의 소리는 정신의 중심인 자기self의 소리이기도 하다.

마음 탐구를 하는 사람들이 그의 무의식에 진입하자마자 첫 번째로 만나는 것이 감정이다. 감정은 정신생활의 에너지로 감정을 억압하는 것은 에너지의 순환을 막는 것이다. 이것을 뚫어달라고 감정들이 아우성을 치면 자아는 그 시끄러운 소리에 매달리게 된다. 분석심리학에서는 감정이 강화된 이러한 상태를 '콤플렉스'라고 정의한다. 나는 이를 '감정의 덩어리'라고 한다. 피가 응고되면 혈액순환에 문제가 생겨 치명적 질병에 걸리듯이, 감정의 덩어리가 쌓이면 정신은 치명상을 입는다. 하지만 감정은 무의식의 표층을 구성하고 있는 것에 불과하다. 감정을 인식하되 그것과 일일이 다투지 말아야 한다. 이렇게 자신의 감정과 만나는 작업을 거치면 자아는 마음 깊은 곳을 탐사할 준비가 된 것이다.

화를 참아야 하는 직업을 오랫동안 가진 분이 계셨다. 그는 나의 심리클리닉에 찾아와서 쌓인 화를 속 시원하게 털어놓고는 내 눈치를 보더니 또 다른 화를 만들어 냈다. "자기수양이 부족해서 그래요. 좀 더 참는 방법을 생각해봐야겠어요." 이야기를 듣다 보니 그 상황에서는 성인군자도 참지 못하고 욕지거리가 나왔을 거다. 심리상담으로는 절대 짧지 않은 4분 정도의 침묵이 흘렀다. 그는 격앙된 목소리로 말했다. "내 화는 당연합니다." 나도 같은 순간에 다음과 같이 말했다. "당신의 화는 당연합니다." 나는 놀랐다. 이를 '마음의 소리'라고 한다. 마음의 소리는 항상 특별한 깨달음을 동반하기에 사람을 변화시키지 않을 수가 없다.

한국인의 화는 서양의 심리학이나 정신의학에 나오는 용어가 아니다. 한국의 정신치료전문가들은 흔하게 '화병火病'이란 진단을 내린다. 한국인의 화에 대해 깊이 들어가 보면, 억울한 감정만이 아니라 온갖 감정들이 다 뒤섞여 있다는 것을 알 수 있다. 한국인에게 있어서 화는 대표적인 감정의 덩어리며, 콤플렉스다. 이것들을 마음에 눌러 놓으면 온갖 시끄러운 잡소리를 낸다. 그 실체를 의식화시켜 이해하고 다독여 줘야 잠잠해진다. 그래야 그것들은 에너지원으로 사용될 수 있고, 그들이 조용한 틈에 자아는 마음의 소리를 들으러 무의식으로 내려갈 수 있다.

지금부터 한 20년 전, 한국에 상담심리학이 급격히 전개될 무렵에 억압된 감정을 풀어주는 심리요법이 매우 인기가 있었다. 이는 본래 지각의 변화를 목적으로 하는 것이었지만 그것은 둘째 치고 억압된 감정을 풀어주는 것 자체가 '한국인의 마음치료'에 도움이 된다는 시각이 있었다. 그러나 사람은 '감정 풀이'나 '지각의 변화'로 도달할 수 없는 더 깊고 높은 곳을 바라보는 존재다. 우리는 더 성장해야 하고, 죽어서도 성장한다. 우리는 마음 깊이 내려가 참된 자기와 만나야 할 의무가 있다.

사람의 마음은 심해다. 바다 표면에서 물놀이를 하거나 얕은 수심에서 고기잡이하는 것으로만 만족한다면, 그는 깊은 수심에 있는 무한 자원과는 관계 없는 삶을 살게 된다. 모든 사람은 태어나면서부터 스쿠버 다이빙 선수다. 당신의 자아는 해저를 탐사할 충분한 장비를 가지고 있다. 자아는 의식의 중심이면서도, 인류가 공유하는 깊은 무의식의 세계인 집단무의식에도 그 뿌리를 두고 있다. 마음만 먹으면 자아는 각자의 무의식에 있는 무한 자원을 끌어올려 삶을 변화시키고 성장시킬 수 있다. 마음만 먹으면 쉬운 일이다. 마음 먹기가 어렵다.

감정의 정화는 더 깊은 잠재력을 끌어올리기 위한 일종의 가지치기 같은 것이다. 가지를 쳤으면 용기를 내고 안으로 들어가 봐야 한다. 카를 융Carl Gustav Jung은 이 작업을 했다. 그러다 보니 과학적 심리학 그 이상의 것을 말해야 했다. 그가 꿈과 신화와 민담을 연구한 이유다. 그의 사후에 출판된 《레드북The Red book》을 보면 그가 얼마나 깊은 신비의 세계에 들어갔는지 알 수 있다. 이로부터 일어날 오해 때문에 그는 그

책의 출판권을 제자들에게 미뤘는지도 모른다. 개성화Individuation 또는 성장은 집단의식에서 벗어나 개체화를 이루는 기나긴 과정이다. 그러기 위해서는 자기의 소리, 즉 마음의 소리를 들어야 한다.

여기에 실린 이야기들은 자아가 마음의 심해에 들어가 끌어올린 통찰들이다. 통찰은 깊어질수록 단순한 언어로 표현된다. 현자들의 어록은 아주 쉽고 단순하지만 사람의 마음을 움직이는 힘이 있다. 나는 심리치유 우화를 의도하며 글을 써내려갔고, 짧은 이야기에서 지혜로운 말씀, '잠언箴言'을 끌어냈다는 점에서 우화의 요건을 어느 정도는 충족시켰다고 본다. 나의 마음 안에 있는 여행지도와 여행지가 모든 사람에게 보편타당하다고 생각하지는 않는다. 각자가 원하는 것에 따라서 볼 것이 정해지기 때문이다. 그러나 모든 여행자들은 마침내 한 곳에서 만나고, 마음여행도 또한 그러하다는 점에서 여기 실린 마음의 소리가 독자들에게 유익이 될 것이라 믿는다.

이 책에서 자아가 마음속에서 끌어올린 메시지를 '마음이 말했다', '마음이 들려줬다', '마음의 소리를 들었다' 등으로 표현했다. 문맥에 따라 표현을 달리한 것이니, 특별한 의미를 둘 필요는 없다. 여기 소개된 짧은 이야기들은 일부를 제외하고 거의 사실에 근거해 있으나, 나의 상상력으로 재구성됐음을 밝힌다. 이 책이 나올 수 있도록 마음의 소리를 들려주신 모든 분들에게 감사드린다. 이 책을 포함해서 세 권의 책을 출판해주신 청림출판(주)에 깊은 감사를 드린다.

밖을 바라보는 자는 꿈을 꾸고,
안을 바라보는 자는 깨어난다.

_카를 융Carl Jung

1장

자기

Self

**모든 해답은
자기 자신 안에 있다**

지금의 내가 '진짜 나'인지 모르겠습니다

"열심히 했구나. 그런데 네 음악에는 아직 네가 없어."

유럽에서 피아노를 전공한 뮤지션이 자신의 지도 교수에게서 들은 말이다. 그는 이 말을 이해 못했고, 바꾸어 나갈 방법도 묘연했다. 그는 내 음악이 이건가 저건가 찾다가 유학을 마치고 귀국했다. 한 3년간 연주자로 열심히 활동한 후에야 교수님의 말씀을 이해할 수 있었다.

"언제 시간이 되면 그 교수님 앞에 가서 다시 연주하고 싶습니다. 아마 교수님은 '네 음악에는 네가 있어서 참 좋다'라고 말씀하실 겁니다."

입시와 취업교육에 찌든 우리의 교육 현실에 '내 것'을 운운하는 것은 낭만에 불과할지도 모른다. 또한 보이는 것으로 가치가 평가되는 시대에 '내 것'을 찾는 것은 현실도피처럼 보일 수도 있다. 그러나 인간은 때가 되면 '진정한 자기'로 살아야 한다는 강한 욕망이 마음에서부터 올라오는 존재다. 마음은 부드러우나 단호하게 말한다.

"인생의 특권은 진정한 자기가 되는 것이다."

 주어진 일을 열심히 하는 것에 만족하지 마십시오.

남들이 하던 대로 따라 하는 것을 넘어

자신만의 개성과 가치를 탐색하고 발견하십시오.

저도 제가 뭘 하고 싶은 건지 모르겠습니다

상상력은 풍부하지만 학문적 논리성은 부족한 사회과학 박사과정 학생이 있었다. 그가 퉁명스럽게 한 말이다.

"박사논문 초고를 지도 교수에게 제출했더니, 소설을 쓰고 있다고 하더군요."

지도 교수는 그의 글에 학문성은 없고, 상상력만 있다고 지적했다. 학생은 고민했다. 딱딱한 글을 찾아 그것이 무슨 경전이라도 되는 것처럼 인용해서 각주를 다는 일은 답답해서 못하겠다. 어떻게 하면 좋을까? 그때 마음이 쑥 던졌다. "쓰지 마. 상상력으로 살아."

학생은 잠시 속이 시원했다가 다시 고민했다. "학위가 필요한데, 수료만 하고 논문을 안 쓰면 아깝잖아요."

마음이 말했다. "그럼 써. 학문성을 키워."

학생은 헷갈렸다. "도대체 쓰라는 거야, 말라는 거야."

마음도 헷갈렸다. "쓰고 싶은 거야, 쓰기 싫은 거야."

신은 인간을 자신의 인형처럼 두지 않고자 그들에게 자유의지를 주었다. 자기실현은 최선의 것을 선택하는 것이라기보다는 선택한 것에 최선을 다하는 것이다. 나는 최선의 것을 찾느라 아까운 청춘을 다 보낸 사람들을 알고 있다.

 최선의 방법을 찾기보다

지금 내가 선택한 일에 최선을 다하십시오.

그것이 자기실현의 방법입니다.

제게 없는 능력을 가진 사람들이 부럽습니다

중년이 되어서야 하고 싶은 공부를 하는 여성이 있었다. 그녀는 최근 들어 같은 꿈을 자주 꾼다. "제가 좋아하는 말 잘하는 남성 연예인이 유창한 말로 저를 설득합니다. 저는 기분이 좋았고 이성적인 느낌도 들었습니다."

인생의 전환기에 꾸는 꿈은 이후의 삶을 위해서 나도 몰랐던 나의 잠재력을 보여주기도 한다. 오래전부터 그녀는 말 잘하는 남성에 대해 특별한 호감을 가졌다. 비록 이루어지지는 않았지만 배우자의 첫 번째 조건도 말 잘하는 것이었다. 그녀는 중년이 되어 자기실현을 위한 늦 공부를 하면서 '말 잘하는 남성'에 대한 로망을 다시 가졌다.

누구든 내 안에 없는 것을 부러워할 수는 없다. 내 안에 없는 것은 인식조차 할 수 없기 때문이다. 내 안에 있으나, 나는 아직 사용하지 못하고 있는 잠재력을 누군가 사용하는 것을 보면 그가 부러워진다. 좋아하게 된다. 상대가 이성이면 이성적 감정도 든다. 이렇게 당신이 부러워하는 그, 그가 바로 당신 안에 있는 또 다른 당신이다.

바쁘고 복잡한 세상을 살다 보면, 마음의 소리를 듣는 일은 쉽지 않다. 친절한 마음은 '꿈의 상징'으로 그녀에게 말해준 것이다. "말 잘하는 그 남성 연예인은 바로 네 안에 있는 너다. 그동안 너는 네 것을 밖에서 찾아다녔다. 이제는 안으로 들어오라. 황혼의 때가 곧 다가온다. 당신 안에서 찾으라. 당신이 바로 그 연예인이니까."

 당신이 부러워하는 것은 곧 당신의 잠재력이 될 수 있습니다.

이렇게 이기적으로 살아도 되는지 죄책감이 듭니다

남편의 계속되는 무책임한 행동을 오직 가정을 위해 눈감고 살아온 40대 여성이 마침내 합의 이혼했다. 적지 않은 돈을 위자료로 받은 그녀는 남은 세월 동안 자기를 위해 제2의 인생을 멋지게 살겠다고 다짐했다. 아르바이트 삼아 하던 일에 목돈을 투자하여 작게나마 자신의 사업 공간을 마련했다. 사업도 잘됐다.

낮에는 시간 가는 줄 모르게 바빴다. 하지만 퇴근 후 집에만 들어오면 이상한 죄책감이 몰려왔다. "나 너무 이기적인 거 아닌가?" 이혼의 원인을 남편이 제공했는데, 나 잘살자고 나를 위해 이혼했다는 생각이 자꾸 든다. 아이들도 편부모 자식으로 만들지 않았는가?

그녀는 진작 이혼할 것을 아이들 철들 때까지는 참아야 한다고 10여 년을 견뎌냈다. 그 보상으로 자유를 얻었고, 제2의 인생으로 도약시켜준 사업장도 가지게 됐다. 그러나 가정을 깼다는 무형의 죄책감은 유형의 보상보다 더 힘이 셌다.

죄책감은 인류가 공동으로 합의한 묵시적 금기에 각자의 감정이 더해져서 생긴 복잡한 심정이다. 말 그대로 죄책 '감'이다. 감은 감으로 풀어야지 논리로 풀면 더 복잡해진다. 마음의 처방전 하나를 소개한다. "죄책감의 핵심 감정에 푹 빠져봐라. 그리고 나와서 그 '감'을 객관화시켜보자."

그렇게 해보면 죄책감은 내 감정에 대한 나의 거부 때문에 생긴 마음의 그림자임을 발견할 것이다. 죄책감을 극복한 사람은 말한다. "죄책감은 진정한 자기로 거듭나 살겠다는 사람의 첫 번째 방해꾼이다.

이 방해꾼과는 맞서 싸울 것이 아니라 존재를 인정해주고 잘 타일러야 한다."

마음은 말한다. "죄책감 맞은편에는 존재감이 있다. 역시 존재감 맞은편에는 죄책감이 있다." 죄책감은 겸손을 존재감은 자신감을 만든다. 이 둘은 자기실현의 쌍두마차다.

 죄책감은 그 맞은편에 있는 자신감을 회복하라는 신호입니다.

이제 자신의 존재를 인정하고 타이르는 일만 남았습니다.

누구나 마음속에 피라미드가 있다

초등학교 5~6학년 때 피라미드를 처음 보고 이건 지구보다 뛰어난 문명을 가진 외계인의 건축물이라 생각했다. 어떻게 기원전 3,000년경에 건축, 설계, 수학적 계산, 건설장비, 인력 등의 요소를 거대하고 정교하게 결합하여 높이 150미터에 달하는 건축물을 올릴 수 있었는지 놀랍기만 했다.

20~30대에는 왜 하필이면 삼각형 모양으로 쌓아 올렸을까를 생각해봤다. "안전하고 거대한 건축물을 짓기 위해서." 만족한 대답은 아니었지만, 거기에 대해서 더 이상 생각하지 않고 40대를 열심히 살았다. 50대에는 확실한 대답을 얻었다. "높이 오를수록 넓게 내려다보인다."

"저 장엄한 건축물을 설계하고 지어올린 사람은, 인생이란 사막 같은 세상에서 높이 올라 가급적 넓게 내려다보는 것임을 거대한 상징으로 5,000년간 인류에게 보여주고 있는 것이다."

피라미드는 사회가 그에게 부여한 직책인 페르소나가 더 이상 중요해지지 않은 사람들이 진정으로 되고 싶은 '참된 자기'의 상징이다. 누구든 꿈에 피라미드를 본다면, 그는 황홀경에 빠질 것이다. 그리고 그 꿈을 계기로 그의 삶은 서서히 변해갈 것이다. 사회가 원하는 대로 만들어지는 것이 아니라, 사회에 기여하고 싶은 대로 삶을 만들어가는 것. 마음은 이것을 목적으로 하여 피라미드를 동경하는 사람들에게 그 소리를 더욱 크게 들려준다.

돈이 안 되는 일을 하는 저 자신이 초라해집니다

30대 후반에 들어선 한 남자가 있었다. 그는 미국에서 인기가 별로 없는 관악기로 7년간 유학했다. 돌아와서는 프리랜서 뮤지션으로 일하고 있으나 늘 생계의 고달픔에 지쳐 있다. 가족들은 그냥 너 하고 싶은 것 하면서 사는 것이 행복이니 부담 갖지 말라고 위로해줬다.

그러나 나이 마흔에 임박하니 인생은 나 하고 싶은 것이나 하면서 살 수 있을 만큼 여유 있는 것이 아니었다. 그는 짊어져야 할 가정적·사회적 책임이 무거웠다. 많은 세월 나 하고 싶은 일을 하겠다는 환상을 좇다가 돈과는 거리가 먼 전공을 선택했다. 음악 자체에서는 희열을 느끼는데, 무명연주자로 연주하고 나서 적은 연주사례비를 받으면 자신이 그만한 값밖에 안 된다는 생각에 초라해진다. 그렇다고 지금의 상황을 반전시킬 만한 비법이 있는 것도 아니다.

그에게 깨달음이 왔다. "내가 하는 일은 곧 자기를 빛낸다. 그러면 충분하다." 그의 기분은 상승됐다가 다시 아래로 꺾였다. "그래도 돈벌이는 해야 하지 않습니까?" 마음은 그를 설득했다.

"우선 돈보다 더 중요한 것은 '꼭 필요한 돈은 흘러들어온다'는 돈에 대한 믿음이다. 그리고 지금 너는 돈보다 더 큰 만족과 기쁨을 주는 일을 하고 있다. 필요한 것은 자신의 삶에 대한 사랑이다."

 돈보다 소중한 가치를 실현하는 것이야말로
자신의 삶을 사랑하는 일입니다.

일하는 것보다 사람 대하는 것이 더 어렵습니다

IT 업계에 종사하는 한 사람이 있었다. 그는 아내와 함께 있기만 하면, 아내가 자신을 버리고 달아날 수 있다는 쓸데없는 상상으로 괴로워했다. 상상으로만 끝나는 것이 아니라 아내에게 이유 없이 무뚝뚝하게 대하기도 했다. 아이가 생기고 나서는 이 아이가 똑바로 자라주지 않으면 어쩌나 하는 쓸데없는 생각으로 괴로워했다. 자기에 대한 신뢰 부족이 아내와 자식에게 투사되어 나타난 현상이다.

이 사람이 하는 일의 성과는 컴퓨터에게 달려 있다. 그가 한 작업의 최종 평가는 컴퓨터가 한다. 그가 컴퓨터를 조작하지만, 그의 능력은 컴퓨터가 판단한다. 그는 자기보다 컴퓨터를 신뢰해야 했다. 10여 년을 그런 관념 속에서 일하다 보니, 자기 신뢰가 바닥으로 떨어져 타인에 대한 신뢰 부족으로 이어진 것이다. 4차 산업혁명의 시대, 인간 소외의 현상은 더 심화될 것이다.

우리는 여기서 한 가지 마음의 법칙을 발견한다. "내가 하는 일을 신뢰하면, 언젠가는 그 일이 나를 소외시킬 것이다. 비록 그 일의 성과가 만족스럽지 않다 하더라도 그 일을 한 자기 자신에게 무한한 신뢰를 보내면, 4차가 아닌 5차 산업혁명이 와도 인간은 소외당하지 않는다." 앞으로 인간 소외 현상은 빠르게 일어날 것이고, 그러한 시대에 꼭 필요한 덕목은 무엇보다 '자기 신뢰'일 것이다.

 일이 아니라 그 일을 수행하는 자기 자신을 신뢰하십시오.
그것이 타인에 대한 신뢰를 회복하는 길입니다.

속이 후련한 결정을 내렸지만 두려움이 앞섭니다

짧은 연애 기간 동안 남편은 틀림없이 애처가가 될 것이라 생각했다. 그녀가 친구들하고 카페에서 만날 때면 호위무사처럼 카페 한 쪽에서 책을 읽다가 나갈 때 같이 나가줬으니까. 하루에도 귀찮다 싶은 정도로 전화를 했고, 만나면 항상 집까지 바래다줬고, 그게 다 사랑 때문인 줄 알았다. 심리전문가가 볼 때는 편집증 성격으로 의심되지만, 결혼은 합리적 판단보다는 감으로 하게 된다.

결혼해서 한 6개월 동안, 남편은 결혼 전에 보인 집착 행동을 계속했다. 증상은 심해져 아내의 거의 모든 사생활과 직장생활을 통제하기 시작했다. 아내가 따라와 주지 않고 반항하자 언어폭력을 썼고, 이어서는 물리적 폭력도 썼다.

그녀는 전문가를 찾아가 남편의 상태를 상담했다. 그녀가 찾아간 전문가들은 남편의 편집증을 의심했다. 그 병은 의심과 그에 따른 이상행동이 심해 약물치료도 필요하다. 그러나 사회생활을 할 정도로 정착한 사람들은 대부분 치료를 거부하고 그 화를 배우자에게 푼다. 그래서 편집증은 치료가 어려운 마음의 병이다. 그러다가 중년에 호르몬의 변화가 오면 완화되기도 한다. 그녀는 이런 모든 정보를 입수했고, 나중에 후회하지 않기 위해서 6개월을 더 살아봤으나 남편의 언행에는 변화가 없었고 오히려 더 심해져 이혼을 결정했다.

법원에서 모든 절차를 마치고 마지막으로 관련 서류를 주민센터 민원창구에 제출하며 물었다. "이제 이혼 절차가 완전히 끝난 건가요?" 직원이 그렇다고 대답하자, 그녀는 두 주먹을 굳게 쥐고 활짝 웃으며 자신도 모르게 "앗싸!"가 터져 나왔다. 직원은 그녀를 보고는 살짝 미소를 지었다.

　어떤 결정을 했을 때 마음속에서부터 올라오는 깊은 탄성과 감격이 있는가? 그것은 당신의 마음이 당신을 지원하고 있다는 증거다. 평소와는 다른 황홀한 감동이 올라와서 그 기억을 잊지 못한다면, 그것은 마음의 보증수표다. 당차게 그 길을 가라. 단, 그렇다고 해서 그 길이 항상 평탄하다는 뜻은 아니다.

 후련한 감정은 마음이 지지하고 있다는 증거입니다.

두려워하지 마십시오.

마음이 결정한 길은 당신을 배반하지 않습니다.

진짜 신비주의는 맨얼굴을 보여주는 것이다

유명세를 한창 타고 있는 사람들 중에는 그 유명세를 지속시키기 위해 신비주의 전략을 쓰는 경우가 있다. 신비주의 전략은 알 듯 모를 듯 '신비'라는 가림막을 만들어 그 속에 들어가 상대를 애태우는 전략이다. 보여줄 것 같으면서도 안 보여주어 상대를 흥분시키고, 안 보여줄 것 같으면서도 살짝 보여줘 상대를 열광시킨다. 대중을 대상으로 하는 직업군에 종사하는 사람들은 이런 전략도 필요할 수 있다.

진짜 신비주의는 어떨까. 진짜 신비주의는 자신의 민낯을 보여주는 일을 부끄럽게 생각하지 않는다. 그들은 신 앞에 알몸이 된 체험을 했고, 자신의 알몸을 동지들과 나누며 동반성장하는 것을 삶의 목표로 한다. 그들의 신비는 감추는 것이 아니라, 드러내며 공유하는 거다. 전략적 신비주의는 개인의 이익을 위할 뿐이다.

시간이 지날수록 진짜 신비주의는 인간미가 더해지나, 전략적 신비주의는 허약한 인간성이 드러난다. 마음이 들려줬다. "신의 비밀은 인간성에 숨어 있다. 가장 인간적인 사람이 또한 신의 비밀에 이른 사람이다." 참된 자기에 이른 사람은 인간성과 신성이 절묘하게 조화를 이루었다.

하루를 마치고 나면 허탈함이 밀려옵니다

실의에 빠져 무기력하게 시간을 보내던 고등학생이 있었다. 어느 날 학생은 공원 벤치에 앉아 넋 나간 사람처럼 오가는 사람들을 쳐다보고 있었다. 바로 그때 누군가 버린 전도지가 바람에 날려 왔다. 학생은 무심하게 전도지를 집어 들었다.

"전도자가 이르되 헛되고 헛되며 헛되고 헛되니 모든 것이 헛되도다."

_전도서 1장 2절

학생은 그 글을 읽으며 위로를 받았다.

"나만 세상이 헛된 것이 아니라 성서도 세상을 헛되다고 하는구나. 헛된 인생을 헛되지 않게 살려니 사람들이 고달파 하는구나."

그 후로 학생은 인생의 어려운 순간이 닥칠 때마다 "어차피 헛된 인생"을 외치며 큰 위로를 받았다. 그런 반어적 위로가 오히려 그를 낙천적이거나 긍정적이게 만들기도 했다.

그의 나이 40대 중반에 이르자 '어차피 헛된 인생'의 마법이 더 이상 통하지 않았다. 사춘기 이후에 그를 위로한 어구는 중년의 리뉴얼이 필요했다. 그는 구도자처럼 '어차피 헛된 인생'의 다른 면을 탐구하기 시작했다. 그러던 중에 헛된 인생이라고 해놓은 것들에서 헛되지 않은 보화를 발견했다. 그것은 '헛됨의 창조성'이었다. 하나의 헛됨이 물러가면 그 자리에는 새 창조가 일어난다. 고로 헛된 세상은 새로운 출발이다.

나에게 의미를 부여해온 것들이 더 이상 의미를 주지 않을 때는 그
것의 이면을 캐라. 그러면 서로 다른 두 개의 의미를 다 내 것으로 할
수 있다. 헛됨과 새 창조, 이 두 가지는 함께 어우러져 자기실현을 촉진
시킨다. 평생 지속되는 대극의 통합은 곧 자기성장이다.

 공허함 이면에는 창조의 보화가 숨어 있습니다.
억지로 내쫓지 말고 거기에 머무르십시오.
새로운 삶의 의미를 캐낼 수 있을 것입니다.

내 생각과 다른 세상을 견디기가 힘듭니다

한 윤리학자가 있었다. 그는 오랫동안 기존의 정부를 비판하는 글을 SNS에 올렸고, 같은 생각을 가진 많은 사람들의 동조를 얻어냈다. 새 정부가 들어서면서 이전 정부의 문제를 개혁하는 많은 일들이 진행됐다. 그는 여기에 동조하는 글을 많이 올렸고 SNS 친구들의 호응을 받았다.

그러던 중에 새 정부의 개혁 드라이브가 주춤할 때가 있었다. 개혁도 필요하지만, 국민 전체의 행복을 위해서는 정무적인 판단을 해야 하는 것이 현실 정치다. 그래서 세상에서 가장 쉬운 것은 정치 평론이고 가장 어려운 것은 정치라는 말도 나왔다.

정의감에 넘쳐 있는 윤리학자의 의견을 대충 요약하면 이렇다. "열 가지 문제를 해결해야 하는데, 다섯 개쯤 하고 나머지를 속도 조절하는 것은 불의와 타협하는 것이다." 이 윤리학자의 말이 완전히 틀린 것은 아니다. 그렇다고 정부의 방책도 틀리지는 않다. 세상에는 옳은 것이 항상 옳은 것도, 나쁜 것이 항상 나쁜 것도 아니라는 원리가 통하기 마련이다.

사람의 마음에는 빛과 그림자가 공존한다. 이 두 가지는 상호 견제와 균형을 유지하면서 마음의 성장에 기여한다. 마음이 밖으로 투사되어 만들어진 곳이 세상이다. 마음이 그렇듯이 세상에는 반드시 명암이 있다. 이 명암이 상호 교차하면서 에너지가 생겨 세상은 움직인다.

만일 전적으로 정의로운 사회가 있다면, 에너지의 낙차가 없을 것이다. 반대로 전적으로 악한 사회 역시 에너지의 흐름이 없다. 거기 사는 사람들은 살았으나 죽은 것이나 다름없다. 우리는 좋은 세상을 만들기 위해 노력해야 하나, 좋은 것이 쌓여가는 틈새에 또한 나쁜 것이 양산된다는 것을 받아들여야 한다.

지나친 정의감에 넘쳐서 세상의 악을 다 싹둑 잘라버리고 싶어 하는 윤리학자, 그는 그 악이 자신의 내면에도 있다는 것을 알까. 내 안에 있으나 모르고 있는 것, 그것이 좋은 것이든 나쁜 것이든 그것을 '그림자'라고 한다. 세상은 각자의 마음속에 있는 그림자를 올려놓은 무대다. 그래서 세상은 항상 서로 다른 두 개의 것들이 대비되어 존재한다.

마음이 들려줬다. "너의 그림자를 존중하라. 존중받은 그림자는 너를 돕는다." 사람들이 각자의 그림자를 존중한다면, 존중받은 그림자는 빛이 되어 그를 돕는다. 존중받은 선이 세상을 좋은 곳으로 만들듯이, 존중받은 악은 선과의 낙차를 만들어서 에너지를 방출한다. 참된 자기는 양극단에 서지 않는다.

 먼저 '내 안의 그림자'를 들여다보십시오.
자신의 상반된 모습을 이해하면
세상에 나타나는 그림자도 이해할 수 있게 됩니다.

2장

감정
Emotion

**흘러가는 대로
그대로 두어라**

걸핏하면 화를 내는 나 자신에게 화가 납니다

쌍둥이의 동생으로 태어난 그는 걸핏하면 화를 냈다. 초등학생 때는 부모가 싫어서 화를 내고, 사춘기 때는 어른들이 싫어서 무조건 화를 냈다. 사회인이 돼서는 세상이 싫어서 화를 냈다. 결혼해서는 아내에게 화를 냈다. 그는 화를 술로 피했으나, 술에 취하면 술이 그를 더 화나게 했다.

그가 자신의 화에 대해 더욱 참을 수 없는 것은 화를 안 내려는데 화가 난다는 것이다. 한 아이의 아버지가 돼서는 화를 참지 못하는 자신이 미워 또한 화를 냈다. 그가 자신의 화에 대해 진지한 고민을 하고, 이렇게 사는 것이 바른 인생이냐는 회의에 빠졌을 때 마음속에서 떠오르는 소리가 있었다. "너의 화는 당연한 거야."

왜 당연한 것인지는 모르겠지만, 면죄부를 받는 그의 마음은 한결 가벼워졌다. 절반 정도 가벼워졌는데, 그 덕에 그의 화도 50퍼센트 줄었다. 그가 가진 화의 근원은 화에 대한 무거운 죄책감이었다. 그의 엄마는 거의 모든 면에서 우월한 쌍둥이 형을 편애했다. 단지 편애만 했을 뿐인데, 사랑의 경쟁에서 밀려난 쌍둥이 동생은 죄책감을 가졌다. 어린이에게 반복되는 열등감은 죄책감을 만든다.

그의 무의식에는 서로 다른 두 개의 감정이 있었다. 바로 "나는 열등하다"와 "엄마와 형이 밉다"였다. 이 둘이 합쳐져 죄책감을 만들었고, 죄책감이 참을 수 없게 되면 화로 분출됐다. "너의 화는 당연한 거야"라는 선언은 그의 무거운 죄책감을 덜어줬다. 내 안의 화를 다그치기만 하면 마음속에서 전쟁만 일어난다.

"너의 화는 당연하다"는 마음의 소리는 화를 정당화시켜준 것이 아니다. 화내며 살 수밖에 없었던 그의 오래된 억압의 감정을 어루만져준 것이다. 쌍둥이 동생은 화를 낼 때마다 화를 참으려는 노력 대신 마음의 소리에 귀를 기울여야 한다. "너의 화는 당연해." 당연하다고 인정받은 화는 굳이 밖으로 출구를 찾지 않는다. 화 잘 내는 사람에게 진심어린 마음으로 말해보자. "너의 화는 당연해."

 화를 내는 밑바탕에는 오래된 열등감과 죄책감이 있습니다.
"너의 화는 당연하다"는 마음의 소리를 들으며
화내며 살 수밖에 없었던 자신과 화해하십시오.

내가 못나서 자식만 고생시키는 것 같습니다

산업화의 물결을 따라 가난을 벗어나려고, 농촌에 있는 어린 청소년들이 대거 도시로 몰려와 공장에 취업하던 때가 있었다. 막 사춘기에 들어선 어린 딸을 도시로 보내놓고 하루도 마음 편할 날이 없던 엄마가 있었다. 딸은 일과가 끝나면 공장 내의 공중전화 박스로 달려가 엄마에게 전화를 하곤 했는데, 그럴 때마다 엄마는 슬픔에 젖어 말문이 막혔다. "내가 못나서 너를 객지로 나가게 해 고생시키는구나." 딸은 아무렇지도 않게 말했다. "엄마, 걱정 마세요. 전 야간학교에서 공부하고 있고, 대학에 꼭 진학해 제 꿈을 이룰 거예요."

엄마는 딸이 엄마를 위로하는 줄로만 알아, 가슴이 시렸다. 어린 딸을 위해서 아파라도 해야 어린 딸을 집 밖으로 보낸 죄책감을 보속하는 것 같았다.

그날도 딸이 전화하자 엄마는 같은 말로 제 슬픔을 풀었다. 통화가 끝났다. 그날따라 딸의 말이 귓전에서 계속 울렸다. "나는 열심히 공부해서 꿈을 이룰 거야." 엄마는 딸의 말을 계속 되새김질했다. 그러자 마음속에서 들려오는 소리가 있었다. "딸을 위해서 울 것이 아니라 너 자신을 위해서 울라." 엄마는 깜짝 놀라며 물었다. "저 자신을 위해서라뇨?" 마음은 말했다. "딸의 슬픔은 딸이 운다. 너는 네 슬픔을 울어라."

 자식의 슬픔을 부모가 대신할 수는 없습니다.
부모는 먼저 자신의 슬픔을 달래야 합니다.

허함은 허함을 만나 충만해진다

상담을 신청한 30대 초반의 취업준비생이 얘기하다 울고, 얘기하다 울고를 반복했다. 청년은 할 말도 제대로 못했는데 마음이 조금은 진정된다며 상담실을 나갔다. 난 며칠 전에 본 이창동 감독의 영화 〈버닝〉을 생각하면서 속으로 울었다. 〈버닝〉은 청년 취업난의 시대에 청년들의 암울한 자화상을 그린 영화다. 영화 속 청년들은 희망을 잃고 상상의 세계로 도피했다. 그곳은 이루어질 수 없는 기대와 흥분만 있는 곳이었다.

청년이 간 후에도 슬픔의 여운은 쉽게 사라지지 않았다. 나는 청년을 생각하면서 다시 눈시울이 뜨거워졌다. 내가 해줄 수 있는 것은 너무 미미했다. 청년의 허한 마음이 느껴져 혼자 울었다. 슬픔이 진정될 즈음에 마음이 들려줬다. "네가 운 것은 네 허함 때문이다."

맞다. 내 허함 때문에 울었다. 내 허함은 타인의 허함을 만나는 통로다. 허함과 허함이 만나 눈물을 만들었고, 눈물은 우리의 상한 마음을 달랬다. 허함은 허함을 만나서 충만해진다.

제 바닥이 드러날 것만 같아 두렵습니다

사람들은 그녀를 좋아한다. 그녀는 분위기 메이커이기도 하다. 그러나 누군가 그녀에게 다가가 친한 친구가 되려 하면, 그녀는 슬쩍 피한다. "나는 너와 친구할 그런 낮은 수준의 사람이 아니야." 그녀는 어쩔 수 없는 그녀만의 묘한 자부심이 있다는 것을 알고, 조절해보려 했으나 잘 안 됐다. 자신도 원하지 않는 그런 성격이 그만 그녀의 인격이 돼버렸다.

어느덧 그녀는 자신도 모르게 신비주의자가 됐다. 공적 업무와 관계는 잘해내지만, 진짜 모습은 비밀에 부친다. 신비주의는 의미 있는 인간관계를 잘 못하는 것에 대한 방어다. 신비주의의 내면에 있는 주된 감정은 공허다. 공허를 이겨내려면 친한 인간관계를 만들거나, 공허까지 채울 만큼의 단단한 자기수양이 필요하다.

그녀는 자신에게 물었다. "나는 왜 단짝 친구를 못 만들까?" 단점이 노출될까 봐 두려워서다. 단짝은 서로 단점도 나누는 사이다. 그녀는 또 물었다. "그런데 나는 왜 단점 노출을 두려워할까?" 내 단점이 노출되면 상대가 나를 싫어할까 봐 걱정되기 때문이다. "나를 싫어하는 사람이 있으면 안 되나?" 단지 싫어했을 뿐인데, 거절당한 것으로 생각하기 때문이다.

그녀는 마음의 대문을 걸어 잠그고, 창문만 살짝 열었다 닫았다 하며 고상하게 살아왔다. 고상함은 고상한 능력이 아니다. 평범하게 살지 못하는 것에 대한 방어다.

그녀는 자신을 보여주는 것이 뭐가 그리 대수라고, 주저하며 살아온 것을 후회했다. 이제부터라도 자신을 개방하며 살고 싶었다. 바로 그때, 그녀에 의해 갇힌 마음의 정원에서 들려오는 소리가 있었다. "너의 대문을 활짝 열어라. 네 정원에는 맑은 공기와 탁한 공기가 어우러진 뒤에야 허브 꽃이 필 것이다." 대문을 열면 탁한 공기도, 맑은 공기도 안으로 들어온다. 두 공기가 합쳐져야 허브 꽃이 피어나고 향기는 밖으로 나간다.

 단점이 드러날 땐 반드시 장점도 드러납니다.
자신의 두 가지 모습을 인정해야 새로운 사귐도 가능합니다.

행복한 순간마다 나쁜 일을 상상하면서 불안해집니다

심리치료과정 중에 꼭 거치는 단계가 있다. '나 이렇게 좋아졌는데, 혹시 이전의 불안이 다시 돌아오면 어쩌지' 하는 예상불안이다. 이전에 받았던 심리적 고통에 비례해 예상불안도 커진다.

마음은 이전의 불안이 나타나도 네가 강해졌으니, 예전처럼 오래 가지 않고 금방 빠져나올 수 있다고 암시를 준다. 그럼에도 불구하고 사람들은 피학적 생각을 즐기는 속성을 가지고 있다. 좋아질 것이라는 기대보다는 나빠질 것이라는 기대를 더 하고, 그런 피학적 기대를 은근히 즐기기도 한다. 그것이 예상불안이다.

예상불안을 없애려고 생각을 다른 곳으로 돌리려 애쓰고, 운동을 하고, 사람들을 만나서 관심을 바꿔보기도 한다. 예상불안은 자아에게 보내는 마음의 신호다. 살아 있는 사람은 마음의 신호를 계속 받는다. 살아 있는 한 예상불안은 떠나지 않는다. 예상불안이 말하려는 것을 잘 읽어야 한다.

대인기피증에 걸린 사람이 심리치료로 친구를 사귀게 되자 또 다른 걱정이 생겼다. "사람들이 나를 다시 미워하면 어쩌지!" 이것은 사람들이 나를 미워할 때의 두려움을 다시금 복기하며 나타나는 마음의 신호다. 오히려 사람들이 나를 미워할 수도 있다는 사실을 대수롭지 않게 받아들이면 마음은 더 단단해지고 대인기피증은 없어진다.

우울한 사람이 밝아졌다. 그러자 다른 걱정거리가 생겼다. "우울증이 재발하면 어쩌지!" 우울증은 우울한 정서가 언제나 다시 나타날 수 있다는 것을 알려주는 친절하고 고마운 마음의 신호다. 다시 걸릴 우울증을 받아들이겠다는 사람에게 우울증은 더 이상 두려운 것이 아니다.

사람들이 느끼는 불안 중에 대부분은 예상불안이고 정작 우리 삶에 필요한 불안은 전체 불안 중에 3~5퍼센트 정도라고 심리학자들은 말한다. 또한 예상불안은 없애려 할수록 안 없어진다는 사실도 밝혀냈다. 예상불안은 그 자체의 고유한 기능이 있다. 의미를 읽어낸 예상불안은 인생의 표지판이다.

마음은 자아를 각성시키는 방법으로 불안을 자주 쓴다. 마음이 들려줬다. "불안이 많은 곳에 성장의 표지판도 많다." 불안의 시기에는 꿈을 많이 꾼다. 꿈은 상징으로 보여주는 마음의 표지판이다. 꿈의 메시지를 잘 살피면, 특히 꿈의 마지막 내용을 들여다보면, 당신이 가야 할 길이 보인다. 그러나 마음의 소리에 귀를 기울이지 않는 사람은, 꿈을 적게 꾸거나 안 꾼다 하고, 꿈의 소리에 귀를 기울이지도 않는다.

 불안이야말로 앞으로 가야 할 인생의 표지판입니다.
꿈이나 우울증을 통해 나타나는
불안의 메시지가 무엇인지 잘 살피십시오.

돌이킬 수 없는 실수를 저질러버렸습니다

"어, 내가 성추행 피의자라니!" 관할 경찰서에서 담당 경찰관의 전화를 받고서야, 그는 며칠 전 있었던 일을 떠올렸다. 그래도 성추행은 아니지, 했으나 사건은 변명할 여지가 없었다.

술집에서 있었던 일이다. 그와 친구들은 맞은편 테이블에 앉은 여성 일행들과 합석했다. 노총각 같은 기러기 아빠인 그는 많이 취했다. 그는 흥이 나서 상대 여성에게 말을 하고 있었다. 그 과정에서 가벼운 신체 접촉이 있었다. 상대 여성도 반항을 하지 않았다. 그것이 고스란히 CCTV에 잡혔다.

그도 모르는 일이라 억울했다. 그러나 취중에 모르는 일이라고 하면 더 중한 벌이 내려지니, 무조건 잘못했다 하고 상대 여성과 수사관에게 선처를 바라는 반성문을 쓰라는 조언을 받았다. 성추행 피의자가 되어 반성문을 한통 두통 쓰다 보니, 그의 무의식 밑바닥에 있는 성욕구들이 전부 죄인이 되어 나타났다. 그것들은 그의 구겨진 자존감을 갈기갈기 찢어놓고 있었다. 나름 엄격한 도덕의식을 가졌고, 종교 생활도 성실히 했다. 그런데 성추행범이라니! 자존감 정도가 아니라 존재감이 다 무너졌다.

그의 오래된 우울한 감정도 기회는 이때다 하고 그를 덮쳤다. 우울증을 앓다가 세상을 떠난 친구와 감정이입하며 본인도 자살을 신중히 고려하게 됐다. 아침에 일어나 저녁에 잠자리에 들기까지 수치심으로 자살을 떠나보내지 못하고 있었다. 그의 정신에너지는 안으로, 안으로 들어가 '자살'을 키우고 있었다. 안으로 더 깊이 들어가자 마음의 소리가 들렸다. "죽어라." 그는 깜짝 놀랐다. "죽다니요?" 마음이 말했다. "차라리 죽어라." 그는 말했다. "차라리요?" 마음은 말했다. "취해서 몰랐다며? 모르는 일로 자살한다니 차라리 죽어야지."

음이 양을 찾고 양이 음을 찾는 것은 자연의 원리다. 그는 오랫동안 외롭게 살면서 본능을 억압했다. 성은 강렬한 본능 에너지다. 자아가 제 기능을 못하는 취기 상태에서 억압된 본능이 돌출된 것이다. 기러기 아빠는 돈 벌어서 자신들의 행복을 찾아 떠난 가족에게 송금하는 것만으로 책임을 다했다고 생각하지 말라. 당신의 가장 충직한 파트너인 본능에 대한 책임도 져라. 그는 본능을 다독여줄 구체적 대안을 찾아야 한다.

 내적인 혁신이 일어날 때가 가까웠습니다.

특정한 역할을 수행하는 것에 만족하지 마십시오.

자신의 본능에 대해서도 기꺼이 책임을 지십시오.

'좋아요 중독'에 빠져버렸습니다

페이스북 운영자 마크 저커버그가 한 말이라고 한다. "올린 글에 '좋아요'와 댓글이 증가하면 기분을 좋게 하는 도파민 호르몬이 분비되어 중독될 수 있다."

SNS 인기 스타가 되면 하다못해 여행지에 가서 회 한 그릇 먹고 빈 그릇을 올려도 팬들은 '좋아요'로 열광한다. 특히 알 큰 선글라스를 낀 SNS 미녀가 올린 글에는—글의 의미와는 아무런 상관없이—남성들의 열광이 눈에 띈다. 그녀는 '좋아요 중독'에 걸렸다.

사람들은 뭐 하나에 중독되지 않고는 살아가기 힘들다. 그게 삶이다. 중독이 문제가 아니라, 중독된 대상을 마치 자기인 것처럼 여겨서 문제다. SNS 친구는 5,000명, 오프라인 친구는 1명. 실제 있는 일이라고 한다. 그를 열광하는 온라인의 아우성은 허풍선이다. 그런데 마치 자기가 인기스타가 된 것처럼 여기는 것은 중독이다.

목사인 어느 후배가 중독을 신앙과 연관 지어 설명할 수 있느냐고 물었다. 가능하다. 중독은 어느 한 곳에 정신에너지가 꽂히는 것으로 성장을 못하거나, 아니면 그 분야에 대가가 될 가능성도 있다. 예를 들어 글 쓰는 일에 중독되지 않고는 노벨문학상 못 받는다. 악보에 중독되지 않고는 위대한 음악가가 될 수 없다. 하지만 이런 경우는 소수다. 대부분은 사회부적응자로 전락한다.

교회에 중독된다고 하자. 그의 삶이 그럴 필요가 있으니 중독도 된 거다. 그 자체에 대해 뭐라 평가할 수는 없다. 그러나 자신을 마치 예수보다 조금 못한 사람이거나, 상상 안에서 모세나 요한쯤 된다고 생각한다고 하자. 그는 중독된 대상을 '자기'로 착각하고 있는 거다. 그러면 성장이 멈추는 것뿐만 아니라, 과거의 영웅적 인물과 자신을 동일시하여 진정한 자기를 잃는다. 사이비 종교의 교주는 대부분 여기에 속한다.

중독이 되지 않는다면? 성서 속의 인물에게 배워 진정한 자기가 되는 길로 여행을 떠난다. 성서 속의 인물이 아닌 '나'가 되는 것이야말로 참된 신앙인의 길이다.

약물에 중독되든, 종교에 중독되든, 중독은 객관적 사실에 주관적 망상이 덧칠해져 생긴 마음의 병이다. 마음의 소리를 들어라. "중독은 주관적 신념을 주관적으로 평가한 것이고, 지혜는 주관적 신념을 객관적으로 평가한 것이다."

 문제는 자신을 중독된 대상으로 여기는 데 있습니다.
대상으로부터 빠져나와 진정한 '자기'를 만나십시오.

다른 사람들의 평가에 쉽게 휘둘립니다

같은 직급을 가진 직장 동료에게 들었다. "네가 그 사람에게 호구로 보이니 그런 말을 듣지." 그녀는 퇴근 후에 그날 있었던 일을 생각해봤다. 먼저는 내게 무례한 말을 한 상사가 미웠다. 그리고 내가 상사에게 호구로 보였다는 동료도 미웠다.

"상사의 언행은 그렇다 치자. 난 왜 호구로 보였다는 동료의 말을 듣고도 그땐 아무 느낌이 없었지!" 무조건 내가 잘못했구나, 하는 감정 때문이었다. 그녀는 어떻게 하면 낮은 자존감에서 비롯된 감정을 없앨 수 있는지 고민했다. 다음날 출근했는데 상사와 동료는 아무 일도 없었다는 듯이 그녀를 대했다. 그녀의 마음만 복잡했다. "상사도, 동료도 나를 호구로 본다." 호구란 말은 동료가 우회적으로 사용한 말인데, 어느덧 상사와 동료는 자기를 호구로 보는 사람이 돼버렸다.

그녀는 뭔가 잘못 생각하고 있다는 것을 알았다. 그 '뭔가'는 자신을 늘 괴롭히는 가상의 실재였다. 그녀는 가상의 실재가 무엇인지 생각하던 중에, 밖으로 나오라는 마음의 신호를 들었다. "밖으로 나오라." 그녀는 이 말이 무엇을 의미하는지 몰라 되물었다. "밖으로요?"

마음은 네가 원하지 않는 감정이 너를 괴롭힐 때가 언제냐고 물었다. 그녀는 사건이 터진 후 자기를 들여다볼 때라고 했다. 그러니까 밖으로 나와야 한다며 마음은 말했다. 고집스러운 그녀가 말했다. "언제는 자신을 들여다보라고 하셨잖아요. 네 안에 답이 있다고." 마음은 말했다. "너는 네 안을 들여다보고 있지 않아. 네 감정에 빠져 있단 말이야."

감정은 에너지이지만, 거기에 빠져 있으면 그 감정이 당신을 마음대로 조종한다. 일부 심리상담사들은 내담자를 자기감정에 빠지게 하는 것이 곧 감정풀이라고 착각한다. 감정풀이는 두 가지 단계로 이루어진다. 첫째는 자기감정에 빠지는 것이다. 둘째는 이성을 사용하여 거기서 나오는 거다. 경험적으로 보면, 전자가 쉬우면 후자가 어렵고 후자가 쉬우면 전자가 어렵다. 그래서 어떤 사람은 감정적이 되고, 또 다른 사람은 이성적이 된다.

일반적으로 여성은 이성으로 나와야 할 때가 많고, 남성은 감정으로 들어가야 할 때가 많다. 그녀는 이성으로 나와야 했다. "밖으로 나오라."

 타인의 말에 흔들린다면 감정의 질퍽거림에 빠진 것입니다.
이성으로 돌아와 자신을 객관적으로 돌아보십시오.

열심히 살아온 저를 사람들은 괴팍하다고 합니다

1980년대 초중반, 대학생 시절부터 노동운동에 눈이 열려 위장취업을 하며, 그 지역 노동운동의 선봉에 선 사람이 있었다. 많은 사람들의 지지를 받았던 노동운동은 전국적으로 확산됐고 이들에게 가장 중요한 무기는 독재와 맞서 싸우는 투사 정신이었다. 이들은 민주화를 앞으로 당긴 주역들이다.

세월이 변해 민주화가 조금씩 되기 시작했다. 그러자 이론으로 무장한 소수의 노동운동가들은 현실 정치에 참여함으로써 자신의 목소리를 냈으나, 다수는 일반인 신분으로 돌아가 생업을 찾아야 했다. 거대한 집단의 횡포에 맞서 싸우다가 맞설 상대가 없어지자 생존의 의미를 찾지 못해 우울증에 걸린 사람들도 있었다. 바로 이 사람이 그랬다.

그는 직장을 구하기도 쉽지 않았고, 직장을 구해도 적응에 실패했다. 상사나 동료들이 자기와 다른 의견을 제시하면 자기를 공격하는 것으로 오해했다. 쓸데없는 피해망상으로 신경이 예민해졌다. 그는 자기탐색에 들어갔다.

"불의한 독재를 향하던 나의 공격성은 어디서부터 나온 것이고, 지금 이렇게 피해망상에 시달리는 것은 무엇 때문일까?"그는 시들지 모를 투쟁의지 뒤에 숨은 것은 권력자를 향해 도와달라는 애절한 신호였음을 발견했다. 그들이 도와줄 것이라 믿지 않았기 때문에 애절함이 공격성이 된 것이다. 지금의 피해망상은 과거에 권력자에게 대항한 공격성이 방향을 돌려 자기에게 향한 것이다. 즉 나에게 나를 도와달라는 신호를 보내는 것이다.

정신분석학자들은 인간의 공격성을 매우 신중하게 다룬다. 그것은 타고난 것이거나, 좌절에서 도와달라는 신호이기도 하다. 그것은 밖으로 자기를 주장해 대항하기도 하고, 안으로 자기를 억압해 피해망상을 만들기도 한다. 그래서 모든 선각자들이 하나같이 깨달은 것이 있다.

"타인에게 도움이 되는 삶을 살아라."

도움을 받은 사람의 공격성은 남을 돕는 것으로 선용된다. 이것만이 인간의 공격성으로부터 인간이 살아남는 길이다. 전쟁은 서로 돕지 않는 집단의 공격성이 충돌하며 일어난다.

 당신의 괴팍함은 '나를 도와달라'는 신호입니다.

그럴 때일수록 '남들을 도와주라'는

마음의 신호에 따라 움직여야 합니다.

그동안 버리지 못한 감정이 쌓여 폭발 직전입니다

건물 구석구석을 내 집처럼 청소하는 여사님을 입주업체 직원들은 좋아했다. 그런데 입주 직원이 친절히 말이라도 걸어오면 그녀는 기다렸다는 듯이 불평불만을 쏟아놓는다. 담뱃재를 깡통에 털지 않고 엉뚱한 곳에 턴다, 휴지통에 휴지 말고 개인 쓰레기를 버린다, 화장실 거울에 커피를 뿌려 놓는다, 배달음식물 찌꺼기를 아무데나 버린다, 분리수거를 하지 않는다, 여자화장실 청소하기는 더 힘들다, 사람들이 왜 그러는지 모르겠다는 등.

몸으로는 자기 일을 성실히 하지만, 마음속에는 이런 불평불만들을 매일 쌓아 두고 있는 그녀의 상태를 사람들은 잘 모른다. '툭' 건들면 '팡' 하고 터진다. 그녀의 과묵한 인상은 하고 싶은 말을 하지 못하고 꾹 참는 와중에 본인의 의지와는 무관하게 만들어졌다.

그럼에도 나는 그녀를 청소부가 된 성녀로 본다. 그녀는 제 감정을 누르면서 주어진 일들은 완벽하게 해내고 있기 때문이다. 우리는 여사님 덕분에 쾌적한 환경에서 일할 수 있다. 여사님이 비록 그런 불평불만을 한다고 해도, 그것 자체가 그녀의 인격은 아니다. 그녀의 인격은 주어진 일을 성실히 함으로써 사람들에게 유익을 주는 것이다. 여사님의 불평불만은 그녀가 쓰레기통에 버리는 쓰레기와 같은 것이다.

그가 버리는 쓰레기로 그를 평가할 수는 없다. 살아가는 한 감정의 쓰레기는 늘 나오게 마련이다. 성인군자도 마찬가지다. 여사님이 버리는 정도의 감정쓰레기로 피해를 본 사람은 없다. 그것은 여사님이 최소한으로 자기감정을 정화시키는 방법이다. 누군가의 쓰레기통이 되어주는 것은 쓰레기통 성인이 되는 일이다.

나의 내담자에게 들은 말이다. "이런 말씀을 드리기는 뭐하지만, 저는 심리치료를 쓰레기 버리는 것에 비유합니다. 선생님은 제 감정의 쓰레기를 잘 담아주시는 통이셨습니다. 그래서 저 또한 그런 쓰레기통이 되려고 합니다."

 아무도 당신이 버리는 감정으로 당신을 평가할 수 없습니다.

그간 쌓여온 감정 쓰레기를 비워 주십시오.

그리고 기꺼이 다른 사람들의 '감정 쓰레기통'이 되어 주십시오.

아픈 자식을 돌봐야 한다는 부담감이 저를 짓누릅니다

자폐아인 아들을 20년째 키우고 있는 엄마가 나를 찾아왔다. 요즘 아이가 갑자기 자해행위가 늘었다는 것이다. 자폐아에게 자해는 일반적인 현상이다. 그들은 아주 민감한 내적 감각을 가지고 있으나, 그것을 밖으로 가지고 나와 타인과 접촉하지는 못한다. 그들은 내 것을 가지고 타인이 아닌 자기에게 접촉하는 방법으로 자해행동을 쓴다. 그들의 자해행동은 대체로 다음과 같은 신호다. "나 지금 스트레스 받고 있어, 나 지금 불안해, 그러니 나 좀 편하게 해줘."

자폐아가 자해를 거의 하지 않는다면, 부모가 아주 잘 돌보고 있다는 신호다. "나 지금 편안해. 엄마, 고마워요." 자폐아의 심리치료는 막연하다. 일부 심리학에서는 치료 방향을 제시하고, 차도를 보인 치료 사례도 있다고 한다. 하지만 그것은 거의 20년이나 걸리는 일이고 확률도 턱없이 낮다. 턱없이 낮은 확률을 위해서 부모들이 자신의 삶을 소진하지 말았으면 한다.

일반적으로 자폐아가 심리치료실을 드나드는 것은 아빠보다도 엄마의 죄책감을 덜기 위해서다. 자폐는 발생한 지 1년 이내에 알 수 있는 가장 먼저 진단되는 발달장애다. 그러니 엄마의 고통스러운 시간은 아이의 세월과 같이 간다.

자폐아 상담이 의뢰될 때마다, 나는 거의 엄마 상담으로 방향을 돌린다. 끝을 모르게 쏟아놓는 엄마의 긴 이야기를 말없이 들어야 한다. 엄마는 어떻게 하면 좋으냐고 마치 자폐아처럼 같은 질문을 계속하지만, 나는 이미 알고 있는 대답을 그녀 스스로 말할 수 있도록 멍석을 깔아

놓는 일만 하면 된다. 긴 상담시간이 지난 후 엄마가 하고 간 말이다.

"저는 지금까지 아들 문제로 많은 전문가들을 찾아다니며 조언을 구했습니다. 그런데 선생님처럼 제 이야기를 잘 들어주시는 분은 드물었습니다. 솔직히 말하면 자폐에 관한 한 엄마들보다 더 전문가는 없습니다."

내가 처음이란 말은 그날 만족스러운 위로를 받았다는 말이다. 나는 그녀에게 전문가적인 잘난 척을 하지 않았고, 그녀가 아는 것을 아들을 위해서 정리하게만 했다.

타인과 감정이입이 잘 안 된다고 하는 사람들이 있다. 이유는 잘난 척 때문이다. 잘난 척은 타인과의 감정이입을 방해한다.

어떻게 하면 잘난 척하지 않을 수 있을까? 명답은 항상 곁에 있다. "너 자신을 알라." 이 말은 소크라테스에 의해 진리가 되었지만, 그 전 시대부터 마음의 바닥에서 울리는 정언명령이다.

 엄마의 고통스러웠던 지난 세월 이야기를 들려주십시오.
그 안에 이미 답이 있습니다.

남들보다 못하는 것이 많아 자존감이 무너집니다

학력 콤플렉스를 가진 부인이 있었다. 이상하게도 그녀가 만나는 사람들은 그녀에게 꼭 자신의 학력을 과시했다. 그녀는 자신의 학력을 내놓는 사람들 앞에서는 자존감이 무너진다. 40대 나이에 공부를 다시할 동기부여도 의지도 없다. 그녀가 힘들어 하는 인간관계의 문제들은 학력 콤플렉스에 귀착됐다. "다 학력이 떨어져서 그런 거야."

콤플렉스는 감정의 덩어리로 거기에 에너지가 모이면 눈덩이처럼 커진다. 잔뜩 불어난 눈덩이는 그다음 녹는 일만 남는다. 학력 콤플렉스를 자극하는 곳에서 이 눈덩이는 스스로 녹아 구정물이 되어 그녀를 괴롭혔다. "다 학력이 모자라서 그래!"

그녀는 학력이 잘난 동네 부인들과 당분간 만나지 않기로 했다. 그리고 은둔자처럼 집안에만 머물러 있으니, 자신의 존재가 더 초라하게 느껴졌다. "다 학력 때문이다." 부인은 세상이 불공평하다고 생각했다. 누구에게는 공부할 기회가 주어지고, 또 누구에게는 공부할 기회가 주어지지 않았다. 공부할 기회를 제대로 얻지 못하고 태어나서 이렇다고 신세타령을 하고 있을 때 마음이 들려줬다.

"불공평하기는? 넌 학창시절에 공부 안 했잖아. 공부 잘해 좋은 대학에 간 친구들과 너를 학력으로 비교하면 이길 재간이 있겠니?"

공부를 안 했으니 학력 콤플렉스가 생긴 것은 당연하다. 콤플렉스는 누구에게나 있다. 모든 콤플렉스는 내 안에 있는 것을 스스로 인정하지 않아서 생긴다. 외모를 인정하지 않으면 외모 콤플렉스가 생기고, 학력을 인정하지 않으면 학력 콤플렉스가 생긴다. 현자는 완벽한 사람이 아니라, 가진 것으로 족하고 그것을 사랑하는 사람이다.

"화내면 지는 거야"라는 말이 있다. 화는 콤플렉스의 표현으로 인정해야 할 것을 인정하지 않아서 생긴다. 우리는 문화적으로 부족한 것은 채우고, 없는 것은 만들어내는 방법을 주로 배웠다. 나이가 들수록 부족한 것은 부족한 대로, 없는 것은 없는 대로 익숙해지는 방법도 병행해서 배워야 한다. 그래야 콤플렉스가 완화된다.

학력 콤플렉스에 대한 자기성찰이 시작되었을 때, 그녀는 마음속에서 이런 물음이 자꾸 생겨났다. "너는 잘하는 것을 잘할 수 있겠니, 못하는 것을 잘할 수 있겠니?" 부인은 웃으면서 말했다고 한다. "그야 당연히 잘하는 거지요." 마음도 웃으면서 말했다. "그럼 잘하는 거 하면서 살아. 그게 인생의 본분이야."

콤플렉스는 못하는 것을 잘하려다 생긴다. 잘하는 것을 잘하는 사람에게는 못하는 것도 개성이고 능력이다.

 못하는 것을 잘하려 할 때 콤플렉스가 생깁니다.
잘하는 것만 잘해도 당신은 인생의 본분을 다하는 것입니다.

내가 가장 무겁고 불행한 시간을 보내는 것 같습니다

심한 우울증으로 2년 동안 상담을 받고 종결한 내담자가 있었다. 상담 종결 후에 그는 수술을 하는 등 병치레로 몸이 많이 상했다. 그로부터 3년 후, 그가 나를 다시 찾아왔을 때는 그래도 몸과 마음이 많이 회복된 상태였다. 우리는 긴 상담 기간의 느낌을 회고하며 그 의미를 나누었다.

그에게 특별히 의미 있었던 상담회기, 자기 자신을 찾기 위해서 난생처음 일주일 동안 홀로 여행한 일, 새로운 직업을 가지기 위해 대학원에 진학한 일 등에 대한 이야기였다. 나는 책상서랍을 뒤져 상담을 종결하는 날, 그가 내게 준 감사편지를 건넸다. 그는 자신이 쓴 편지를 오랜 친구에게 받는 편지처럼 설레는 표정으로 읽었고, 매우 평온해 보였다.

그는 사회적으로 안정된 자리를 확보해야 할 나이에 몸과 마음의 병을 치료하느라 많은 시간을 보냈다. 그 시간만큼 자립의 가능성은 힘들어졌다. 체념하기에는 살아갈 날이 너무 길고, 다시 내 일을 만들어가기에는 사회가 너무 야박하다. 그는 조용히 말했다. "5년이 흘렀네요. 선생님을 처음 뵌 그때부터 지금까지. 어, 하는 사이에 불확실하고 무거운 시간은 또 5년 후로 저를 데려다 놓을 겁니다."

아픈 사람에게 시간은 무겁고 불확실하다. 그는 나를 걱정 없는 행복한 사람으로 알고 있었고, 그것은 한때 그에게 치료의 희망을 주었다. 그날 나 역시 불확실하고 무거운 시간을 보내는 사람이라고 말했고, 그는 정말 그러냐고 되물었다. 나는 정말 그렇다고 환한 표정으로 솔직히 말했고, 그 역시 표정이 밝아졌다. 그에게 위로나 하자고 한 말이 절대 아니다. 사는 것은 아픔 속을 헤매다가 어쩌다 진주 하나 발견하는 것이다.

그 순간 우리는 묘한 감정의 일치를 경험했고, 바로 그때 마음이 말했다. "무겁고 불확실한 시간은 실존이다. 실존과 실존이 만나면 고요한 광명의 시간이 다가온다."

 우리는 모두 무거운 '실존'의 상태에 놓여 있습니다.

'실존'을 깨달은 또 다른 사람과 만날 수 있다면,

위로를 넘어 삶의 빛을 찾을 수 있을 것입니다.

3장

인간관계
Relationship

**너무 멀지도
가깝지도 않게**

나는 불행을 몰고 다니는 사람 같습니다

타인에 대한 지나친 배려로 자존감이 떨어진 대학생이 말했다.

"아무래도 인간관계를 다 끊어야 할 것 같아요."

"끊다니, 무슨 말인가?"

"전에 저에게 일어난 힘든 일들이 제가 사귀는 친구들에게 데자뷰처럼 똑같이 일어나고 있어요. 제가 가까이 있어서 그런가 봐요. 제가 떠나 주려고요. 이런 일은 처음이 아니에요."

"자네가 마법사인가?"

우린 웃었지만, 학생은 자기에게 일어난 나쁜 일이 가까운 친구에게 꼭 일어난다고 믿었다. 이런 상태가 지속된다면, 정신병으로 진단받고 약물치료를 해야 한다. 그의 말은 사실은 아니지만, 진실을 담고 있다.

카를 융은 정신병에 걸린 사람의 말을 잘 들어보라 했다. 그들은 정상상태에서는 의식할 수 없는 인간성의 가장 깊은 차원의 것을 말하고 있다. 그들은 비록 현실 적응에 어려움을 겪곤 하지만 정상인이라는 사람의 선생이 될 수 있다.

이 학생은 일시적으로 정신병적 상태에서 타인과 깊은 연대감을 경험한 것이다. 본래 사람은 하나에서 파생된 존재다. 의식은 사람 수만큼 분열되어 서로 남남인 줄 안다. 깊은 깨달음에 이른 구도자는 타인과 나는 본래 하나였다는 사랑의 깊은 경지에 이른다. 우리는 가끔 낯선 타인을 어디서 많이 봤거나, 이상하게 마음이 통하거나, 본래 하나였던 것처럼 느낄 때가 있다. 그러나 "내가 미쳤나" 하고 마음의 소리를 외면한다. 사실은 미쳐서 바로 본 것이다. 함께 미쳤으면 서로 하이

파이브를 할 수도 있다. 이 학생은 타인과 연대했다는 점에서는 마음의 소리를 제대로 들었으나, 한 가지 놓친 게 있다. 나는 말했다.

"자네는 자네의 좋은 일도 친구에게 일어난다는 것을 모르나? 그리고 나쁜 일이라는 것도 자네의 섣부른 판단이지. 그 일이 나중에는 좋은 일이 되어 돌아올 수도 있지 않은가? 그렇다고 친구들과 관계를 끊는다면 자네는 정말 정신병자가 되는 걸세."

학생은 밝게 웃었다. 나는 타인과 깊은 연대감을 느낀 학생에게 경의를 표했다. 경의를 표하는 순간 나도 학생과 하나라는 느낌이 들었다. 깊은 통찰은 사람들이 정신병적 상태라고 외면한 곳에서 온다.

"좋은 일도 함께 일어난다." 인간관계를 두려워하는 그 학생이 현시점에서 배워야 할 삶의 원리다.

 당신은 타인과 깊은 연대감을 가지고 있습니다.
곧 좋은 일들도 함께 일어날 것이라는 기대로
주변 사람들을 대해 주십시오.

잘하는 거라곤 신세한탄뿐입니다

최근에 청년은 대인기피증이 생겼다. 큰맘 먹고 아르바이트를 시작했으나, 일주일을 넘기지 못하고 그만뒀다. 청년은 일보다도 사람 대하는 것이 힘들었다. 청년은 자신의 그런 성격을 잘 안다. 알지만 고쳐지지 않으니, 그것 때문에 머뭇거리며 청춘의 세월을 낭비하고 있었다. 청년이 쉽게 들은 충고는 생각을 긍정적으로 바꿔보라는 것이었다. 청년은 하루에도 수십 번씩 생각을 긍정적으로 고쳐먹으려 애썼으나, 뜻대로 안 되어 더 절망했다.

나는 "네가 잘할 수 있는 것이 뭐냐"고 물었다. 그는 생각할 겨를도 없이 신세한탄이라고 말했다. 나는 청년에게 신세한탄을 마음껏 해보라고 했다. 그가 다른 말을 하려 할 때마다, 나는 얼른 신세한탄으로 방향키를 돌려줬다. 한 30분 정도 했다. 그는 짜증을 냈으나, 나는 짜증내는 시간도 아까우니 오로지 신세한탄에만 전념하라고 했다.

그리고 숙제를 내줬다. "생각을 긍정적으로 바꾸려 하지 말라. 긍정적인 생각이 들면, 그것을 다시 신세한탄으로 바꿔라." 그는 이 숙제를 해낼 수 없어서, 변화의 단서를 찾을 것이다. 일주일 뒤에 청년이 와서한 말이다. "긍정적 생각에 대한 강박에서 나오니, 마음이 조금은 가벼워졌어요."

마음의 가벼움은 그의 내면에서 일어나는 긍정적 생각과 부정적 생각의 전투가 휴전함으로써 온 선물이다. 대인기피증은 인간관계를 잘하려는 욕망이 너무 강해, 그 욕망이 자기 안에 있는 반대의 특성들과 전투를 벌이면서 생긴 증상이다.

청년은 인간관계를 잘하려는 욕망이 강했으나, 반대의 특성에 부딪혀 뜻대로 안 돼 신세한탄하는 사람이 된 것이다. 신세한탄은 마음의 균형이 깨져 생긴 의식의 주요 감정이다. 청년과 나는 각자의 감정에 잠시 머물렀고, 그때 마음이 이렇게 들려줬다.

"감정은 아직 행동이 아니다. 두려워 말고 감정의 흐름을 따라가라. 감정은 터널과 같아서 끝이 있고, 새로운 감정에게 바통을 터치한다. 마음의 파동은 특정 감정을 거부하면서 생기나, 마음의 평정은 지금 일어나는 모든 감정을 받아들이는 자세에서 생긴다."

 마음껏 신세한탄하십시오.

그리고 '인간관계를 잘하고 싶다'는 강박에서 나오십시오.

사람이 천사다

어떤 사람이 가족들과 함께 미국 여행을 하다 겪은 일이다. 석양이 기우는 저녁 무렵에 달리던 차에 펑크가 났다. 그는 차를 도로 한쪽에 정차해 놓고 발을 동동 구르고 있었다. 한적한 교외라 도움 받는 일이 쉽지 않았다. 이러다가 갱들의 습격을 받을까 봐 불안해지기 시작했다.

맞은편에서 승용차 한 대가 정차하더니, 흑인 운전자가 트렁크에서 공구박스를 들고 다가왔다. 그는 덜컥 겁이 났다. 공구박스에 장총이 들어 있을 것 같았고, 그러면 가족 모두가 몰살당할 것이라 생각했다.

흑인은 공구박스를 열고 마치 조교처럼 자동차 비상 타이어 교체하는 방법을 그에게 가르치며 직접 하게 했다. 작업을 마친 후 그는 너무 감사해서 흑인에게 돈을 건네며 날이 저물었으니 숙박비에 쓰라고 했다. 흑인은 정중히 거절하면서 말했다. "제가 당신에게 한 것처럼 당신도 다른 사람에게 하세요."

그는 그 흑인을 천사로 믿었고, 귀국해서 아프리카 아동을 돕는 후원단체에 정기적 기부를 했다. 천사를 만난 사람은 천사가 된다. 마음이 말했다. "사람이 천사다. 천사는 크기가 다른 각자의 공구박스를 손에 들고 도울 준비를 하고 있다. 사람이 그렇다."

누군가 저를 모방하고 있다는 생각에 괴롭습니다

이상심리를 분류하는 방법 중에 '차원적 분류법'이 있다. 이 방법에 의하면 정상과 이상의 차이는 양의 문제지 질의 문제가 아니다.

예를 들어보자. 분열성은 외부생활을 철수하고 내면세계로 숨어들어가는 것을 말한다. 정상의 범주에 들어가는 사람이라 하더라도 삶이 고단하고 지칠 때는 분열성을 즐기고 싶어진다. 정신분열증 환자는 그 세계만 있는 것처럼 여기며 그 세계에 들어가 산다. 분열성 성격장애로 진단된 사람은 그런 특성에 지나치게 빠져 인간관계와 사회적응에 상당한 어려움이 있다. 이처럼 분열성은 모든 사람에게 나타나는 특징이나 그 정도(양)가 다를 뿐이다.

'○○○ 성격장애'라는 진단은 본인이 원해서 그렇게 된 것이 아니라, 본인의 의지로도 어쩔 수 없어서 생긴 마음의 아픔이다. 분열성 성격의 특성을 가진 청년이 있었다. 그는 힘들게 군복무를 마쳤고, 복학 6개월 만에 환청 등으로 적응이 안 되어 휴학했다. '대인관계 능력을 키우면 되겠지' 하며 스피치 학원에 등록했다.

그런데 청년에게 이상한 일이 발생했다. 학원에서 자기의 모든 언행이 누군가의 것을 모방하는 것 같았다. 또한 청년의 모든 언행을 누군가가 모방하는 것 같았다. 청년은 무시당한 기분이었다. 실제로 그런 것은 아니다. 청년이 가진 분열성 성격의 증상이다.

청년의 아버지는 위축된 아들을 위로하려고 너는 누구를 모방하는 것이 아니고, 누군가도 너를 모방하지 않고, 각자의 방법을 배워나가는 것이라고 가르쳤다. 아버지의 말이 맞기는 하지만 청년의 귀에는 들어오지 않았다. 아버지도 청년을 이해 못하는 다수 중에 한 명이 되고 말았다.

정신병에 걸려 자신을 달나라의 요정으로 여기는 소녀를 달나라의 요정으로 인정해주고 대화하며 치료적 접근을 한 카를 융의 사례가 있다. 정신병의 증상은 무의식 깊은 곳에 뿌리를 두고 있기에 자체의 메시지를 지니고 있다. 무의식은 증상을 논리적으로 반박하는 것을 원하지 않는다. 증상을 존중해주면 증상이 할 말을 한다. 나는 청년에게 말했다.

"네가 다른 사람을 따라 하는 것은 이상하지 않아. 그렇게 해서 배우고 너의 것을 만드는 거야. 다른 사람이 너를 따라 하는 것도 이상하지 않아. 그들도 너를 통해 배워 자기 것으로 만드는 거야. 내가 누구를 따라 해도, 누가 나를 따라 해도 괜찮아."

그로부터 3개월쯤 지나서 청년은 말했다. "그때 선생님께서 하신 말씀은 제 마음을 가볍게 했습니다. 저는 증상이 생길 때마다 그 말씀을 떠올렸습니다. 그러자 그 말씀은 제 안에 이미 있던 것임을 깨닫게 됐습니다. 타인과의 의미 있는 연대감이라고 할까요."

인간관계요법에 대해 마음에게 물으면 단순한 말을 들려준다. "본래 하나." 본래 하나인 인간은 많은 것으로 서로 얽혀 있다. 얽혀 있는 것을 풀어서 본래의 하나로 되돌려야 하지 않겠는가?

 당신의 깊은 연대감에 경의를 표합니다.

이상하게 생각할 것 없습니다.

당신도, 그들도 모두 서로 배우려고 하는 것입니다.

가까운 사람에게서 상처를 많이 받게 됩니다

사람들에게 상처받았다면, 나 자신이 일으킨 상처는 아닌지 되돌아보자. 사람들에 대해 많이 기대하지 않는 것이 좋다. 기대치가 높으면 상처를 받을 것이다. 마음의 상처는 가장 가까운 사람들끼리 주고받는 것이다. 가까운 사람일수록 기대가 크기 때문이다.

먼 사람이 편하거나 좋은 사람처럼 느껴지는 것은 기대를 별로 안 하기에 상처도 안 받기 때문이다. 가까운 사람에게 실망했다고 먼 사람을 찾아가는 사람들이 있는데, 그들에게 더 많은 상처를 받는 경우가 많다. 사람의 몸에는 가시가 있다. 가시는 타인을 공격하는 무기가 아니라 자기를 보호하는 방패다. 먼 사람의 가시는 안 보이고, 가까운 사람의 가시는 보일 뿐이다.

인간관계에 대해 마음이 한 말이다.

"가까운 사람은 조금만 더 멀리, 먼 사람은 조금만 더 가까이."

인간관계에서 상처는 피할 수 없지만, 이렇게 하면 상처를 최소화할 수 있다. 가시에 가려진 그의 여린 피부를 인정하고 이해해줄 수 있기까지 한다면 당신은 인간관계에서 거의 상처를 받지 않을 것이다. 당신이 만나는 아무리 나쁜 사람이라도 그는 공격용 무기로 가장한 방어용 방패를 가지고 있을 뿐이다.

 나의 높은 기대치로 인해

타인의 방어용 가시가 너무 커진 것은 아닌지요.

그의 가시 뒤에 있는 여린 피부를 인정해주십시오.

왜 제 주변에는 자꾸 나쁜 사람만 꼬일까요

링컨은 마흔의 나이에는 자기 얼굴에 책임을 져야 한다고 했다. 나는 마흔이 되면 각자의 인성을 책임져야 한다고 본다. 어린 시절에 받은 냉대와 언어의 폭력으로, 세상은 나쁜 사람이 득실거리는 위험한 곳이라고 단정한 사람이 있다. 그에게는 거의 모든 세상 사람이 다 나쁘다. 그는 꼭 필요한 형식적 인간관계만 겨우 유지하고 은둔하며 지낸다. 그는 편집성 성격장애의 특성을 많이 가지고 있다.

40대 후반에 이르면 호르몬의 변화와 함께 성품도 변한다. 그는 이 래서는 안 되겠다 하여 타인과 의미 있는 접촉을 시도했다. 세상의 때가 덜 묻은 은둔자에게 여전히 사람들은 다 이기주의자고, 가까이 해서는 안 되는 위험한 존재였다. 그는 다시 자신의 동굴로 들어갈까 말까 망설였다. 내향형의 사람들은 가끔 확신에 찬 내면의 소리를 듣는다. 그가 들은 말이다.

"세상에 나쁜 사람은 없어. 다만 진화가 덜 됐을 뿐이지."

그의 오랜 편견을 뒤집어주는 말이었다. 진화는 시간의 경과에 따라 느리게 진행되는 것으로 거기에 '비약'은 없다. 사람은 서서히 되고, 평생 영원히 된다. 어떤 존재든 자신의 진화 상태에 따른 역할은 있다. 물고기는 파충류처럼 물 밖으로 나올 수는 없으나 물속에서의 역할이 있다. 파충류는 네발 달린 동물처럼 초원을 뛰어다닐 수 없으나 물과 뭍을 오가는 제 역할이 있다. 그리고 그들은 먹이사슬을 만든다. 아무튼 세상은 늘 각축장인 것 같지만 자체의 질서를 유지하고 있다.

변화의 의지를 가진 그가 물었다. "사람들 진화의 정도를 어떻게 알 수 있나요?" 그의 마음이 말했다. "'나쁜 사람'을 많이 가진 사람일수록 진화의 후미단계에 있다. 진화의 선두에 선 사람들일수록 사람을 '상 태'가 아니라 '존재'로 본다."

 '나쁜 사람'을 단지 '진화가 덜 된 존재'로 여기십시오.

사람은 평생에 걸쳐 서서히 변화하는 존재입니다.

좋은 친구는 마음의 상처를 치유한다

대상관계심리학을 강의한 후에 꼭 받는 질문이 있다.

"그러면 어떻게 해야 마음의 상처가 치유되나요?"

"좋은 친구를 사귀세요. 좋은 친구가 당신의 무의식에 있는 대상표상을 변화시켜 상처를 치유합니다."

그러면 또 묻는다.

"그것은 쉽지 않습니다. 어떻게 좋은 친구를 사귈 수 있을까요?"

수저에 손가락도 안 대고 밥 먹을 수는 없다.

"당신이 먼저 상대에게 좋은 친구가 되세요."

"그것은 어떻게 가능한가요?"

더 이상의 답변은 무의미하다.

"당신의 마음에게 물어보세요."

나의 애매한 답변을 듣고 진지하게 마음에게 물어봤다는 분이 하신 말이다.

"사람은 본래 좋다 나쁘다가 없습니다. 좋고 나쁨은 나의 경험적 자아가 만든 판단에 불과합니다. 사람을 상태가 아니라 그 자체의 고유한 존재로 대하니 좋은 친구와 나쁜 친구를 선별할 이유가 전혀 없어졌습니다."

그는 내가 던진 화두에서 그 이상을 건졌다.

불편한 사람과의 오해를 풀고 싶습니다

딸의 결혼을 앞둔 엄마가 꿈을 꾸었다. 옆에 딸과 사위 될 사람이 앉아 있었다. 맞은편 테이블에는 사부인 되실 분이 있었는데, 그녀는 파혼하자고 했다. 비록 꿈이지만, 충격적인 소식이었다.

결혼 준비 과정에서 사부인과 곤란한 일들이 있었다. 그것은 사부인 쪽에서도 마찬가지였을 것이다. 이 결혼이 제대로 성사될까, 하는 고민이 있었을지 모른다. 양가의 결합은 이렇게 복잡하나 대체로 진행된다. 그 복잡한 것을 단순하게 만드는 방법은 하고 싶은 말을 담담하게 잘 정리하여 전달하는 것이다.

딸의 엄마는 꿈의 의미를 되새겨봤다. "결혼이 깨진다고 딸의 인생이 깨지는 것은 아니다. 그래도 딸은 알아서 잘 살아갈 거다. 사위 될 사람도 딸에 대한 신뢰를 저버리지 않을 거다. 꿈에 보인 사부인의 결혼 무효 선언은 내 안에 있는 불안에 불과하다."

이후 딸의 엄마는 꿈의 메시지에 따라 "담담하고 솔직하게" 자신의 입장을 이야기하며 딸의 결혼 문제를 풀어나갔다. 잘 풀렸다. 인간관계의 모든 불편함은 담담하고 솔직한 대화를 기다린다. 솔직하게 말하면 상대가 나를 싫어할 것이라는 의심은 내 생각에 불과함이 드러난다. 담담함과 솔직함은 상대의 마음을 연다.

 애써 상대방을 배려하기보다는
먼저 담담하고 솔직하게 자신의
이야기를 풀어나가십시오.

모두에게 착한 사람으로 살다 보니 지쳐버렸습니다

착하게 사는 것은 다른 사람에게 착하게 해주는 거다. 다른 사람의 눈치를 얼마나 많이 봐야 하는지, 그것이 얼마나 피곤한 일인지 본인은 잘 안다. 착한 사람 흉내 내기에 지친 사람이 어떻게 하면 이 괴로운 습관으로부터 벗어나 자유롭게 살 수 있느냐고 하늘에 대고 물었다. 하늘에 대고 물은 것은 가장 정확한 답을 듣기 위해 사람에게 의지하지 않겠다는 결연한 의지다. 그는 남들에게 착하게 대하지만, 남들을 잘 믿지는 않는다.

하늘은 이 사람에게 들을 준비를 시키기 위해 한동안 아무 말도 안 했다. 착한 사람의 비밀 하나. "그들은 고집이 매우 세다." 그들은 내적 신념이 강해, 타인의 말을 잘 듣는 것 같아도 잘 믿지는 않는다. 때가 임박해 이 착한 사람이 자기신념을 내려놓을 즈음에, 그의 마음인 하늘이 말했다. "너 자신에게 착한 사람이 돼라."

 인간관계에 대한 고집과 신념에서 나와

먼저 자기 자신에게 착한 사람이 되어 주십시오.

그에게 행복하고 아름다운 기억만 남기고 싶습니다

오피스 옥상에서 일몰을 멍하니 바라보고 있었다. 문득 생각나는 사람이 있었다. 그는 대학원에서 나의 과목을 여러 개 수강했고, 대학원 졸업 후에도 간간이 안부를 주고받았다. 나는 그에게 전화를 걸었다.

왜 그렇게 연락이 뜸하냐고 묻자 친정어머니가 위독하셔서 거기 신경 쓰느라 바빴다고 했다. 나는 다음 순번은 우리라고 말했다. 순서대로라면 우리는 다음 호명을 기다리고 있는 것이나 다름없다고 그가 말했다.

아주 짧은 침묵이 흘렀다. 마음은 그 짧은 시간에 긴 여운을 남기는 말 한마디를 했다. "너와 맺은 모든 관계를 아름답게 기억하고 떠나라." 나는 여기에 덧붙였다. "그러면 지상에서의 과제를 다 한 것이다."

그는 나지막하게 물었다. "아름다운 이별은 아름다운 거죠?" 나는 얼른 대답했다. "모든 이별은 아름답습니다. 이별을 해야 새로운 삶이 펼쳐지기 때문입니다."

그는 말했다. "그러기 위해서 아름다운 일을 많이 만들어야지요." 그는 임종을 앞둔 어머니를 간병하면서 그동안 잘해 드리지 못한 것을 후회하고 있었다. 나는 말했다. "아름다움의 범위를 넓히면 아름다운 일이 많아집니다."

아름다운 일은 만드는 것이 아니라, 아름답게 생각하는 거다. 관습적 판단을 유보하면 모든 일은 아름답다. 생명을 잃은 극단적 일이라도, 이미 일어난 일을 당신은 어떻게 할 것인가. 생명을 잃은 일은 나중에 비교할 수 없는 더 많은 보상의 보따리를 가지고 와서 당사자를 찾는

다. 고통은 뒤따르겠지만, 고통이야말로 아름다움 중에 아름다움임을
사람들은 나중에야 깨닫는다.

 아름다움의 범위를 넓히면 아름다운 일이 많아집니다.
아무리 아픈 기억일지라도 그것이 피할 수 없는 일이었다면,
꼭 필요했던 아름다운 일이었노라 해석할 수 있을 것입니다.

따뜻하거나 아픈 인간관계

어느 추운 겨울날, 두 마리의 고슴도치는 서로 체온을 나누려고 몸을 비볐다. 하지만 내 몸이 상대방 가시에 찔려 차라리 추운 것이 좋다 하여, 멀찍이 떨어졌다. 이번에는 너무 춥고 외로웠다. 둘은 멀지도 않고 가깝지도 않은 적당한 거리를 유지해봤다. 그랬더니 적당히 춥지도 않고, 적당히 아프지도 않아 좋았다.

사람은 상대를 아프게 하는 가시와 따뜻하게 하는 피부를 동시에 가지고 있다. 죽은 자는 가시가 사라져 더 이상 상대를 찌르지 못하고, 따뜻하게 하는 피부의 체온도 없다. 이것이 산 자와 죽은 자의 차이다. 살아 있는 한 상대를 아프게도 하고 따뜻하게도 한다. 상대 역시 나에게 그러하다.

고슴도치의 '적당한 거리'가 한두 번의 실험으로 이루어졌다고 생각하지 말라. 그들은 수많은 시간을 따뜻하지만 아프게, 안 아프지만 춥게 보냈다. 그래서 얻은 지혜다. 그게 인생이다. 마음이 들려줬다. "과정이 없으면 결과도 없다."

그 사람이 너무 미워서 용납하기가 힘듭니다

자신에게 큰 괴로움을 준 아주 미운 사람 때문에 잠을 못자는 사람이 있었다. 앉으나 서나 그 사람이 생각나서, 그가 가야 할 길이 꽉 막혔다. 괴로운 것은 그 사람이 아니라 그였다. 그는 자기를 위하여 그 사람을 사랑하려 했다. 처음에는 좀 되는 것 같다가 분노만 억압됐고, 더 괴로웠다. 그에게 깨달음이 왔다. "그 사람은 그 사람의 인생을 살고 있다. 내가 왜 그 사람의 인생을 내 안으로 끌어들여 괴로워해야 하나."

이렇게 생각하니 한동안은 마음이 편안해 그의 길을 갈 수 있었다. 그러나 종교적 강박이 그를 가만 놔두지 않았다. 그래도, 용서할 사람은 용서하고 가는 것이 맞지 않은가? 그는 그 사람을 용서하겠다고 하면서 용서 못했고, 용서 못한다고 하면서 용서했다. 용서하는 것과 못하는 것 사이를 왔다 갔다 했다. 이런 시소게임 중에 그가 들은 마음의 소리다.

"할 수만 있으면 그를 용서해라. 용서 못한다면, 용서 못하는 너 자신을 용서해라. 문제는 그렇게 단순화시키면서 풀어나가는 거다."

자신도 용서 못하는 사람이 타인을 어떻게 용서할 수 있단 말인가?

 먼저 용서 못하는 자기 자신을 용서하십시오.
그리고 마음에서 미운 사람의 크기를 조금만 줄여보십시오.

그에 대한 실망이 커질까 봐 기대를 내려놓으려 합니다

심리치료 분야에서 상당한 성공을 거둔 사람이 있다. 그의 밑에서 다년간 교육생으로 있던 사람이 내게 와서 말했다. "그분은 지독한 자기애성 모성을 가진 분이라 휘하의 교육생을 어린이로 취급하고 절대 다른 교육기관으로 못 가게 해요. 가면 큰일 날 거라고 경고를 해요. 그게 다 돈이죠." 그렇다면 당신이 다른 곳에 못 가는 이유는 무엇이냐고 묻자 그분은 할 말을 잃었다. 그 교육생 역시 선생에게 모성을 기대했고 실망 중이었던 것 같다.

세상에는 완벽한 선생도, 완벽한 제자도 없다. 선생이 자기애가 지나쳐 제자를 사익의 도구로 삼지 않으면 평균은 간다. 제자는 선생을 면전에서 공격하지 않으면 평균은 간다. 선생이나 제자나 서로에게 너무 많은 것을 요구하면 반드시 실망한다. 세상은 모두가 선생이 되고 모두가 제자가 되는 길로 빠르게 이동하고 있다.

인간관계심리학은 말한다. "실망하지 않고 상처받지 않으려면, 기대는 적게 사랑은 많이." 말은 맞지만, 사랑하는 일과 기대 안 하는 일이 얼마나 어려운 일인가. 차라리 실망하고 마음 추스르는 것이 더 쉽다. 기대는 관심, 애정, 그리움 등을 포함한다. 기대는 실망을 품에 안고 있다지만, 실망을 피하려고 기대를 포기한다는 것은 인간으로서 거의 불가능하다. 그게 가능하다면, 그 사회는 얼마나 무미건조하겠는가.

마음이 들려줬다. "기대를 하라. 네 양껏 하라. 기대는 에너지다. 그리고 실망할 준비도 하라. 실망은 다음 에너지를 준비하는 그릇이다."

기대와 실망을 이분법적으로 분리하지 말라. 기대가 많은 곳에는 실망의 그릇도 크게 준비하라. 실망이 큰 곳에는 그다음의 기대가 기다리고 있다. 기대가 있는 곳에 실망이 있고, 실망이 있는 곳에 기대가 있다. 이렇게 해서 당신의 그릇은 점점 더 커진다. 인간관계의 능력은 마음그릇의 크기에 달렸다.

 기대와 실망은 동전의 양면입니다.

기대를 마음껏 하고, 실망할 준비도 하십시오.

실망은 다음 에너지를 준비하는 그릇입니다.

4장

가족
Family

**다양한 교과 과정이 준비된
인생의 학교**

잘 키워보고 싶어 자식을 자꾸 닦달하게 됩니다

짜증내기가 시작된 네 살 아들을 키우는 워킹맘이 있었다. 그녀는 자신의 욕망에 따라 아들을 멋지게 키우고 싶었다. 그녀에게 멋진 아들은 교육열이 강한 엄마들이 바라는 그런 상이다.

출근하기 전에, 그녀는 아들에게 유치원 갔다 와서 해야 할 일을 한 10분에 걸쳐서 교육한다. 그 또래 아이가 엄마의 그런 교육에 흥미 있어 할 이유가 없다. 퇴근 후 귀가해서는 엄마의 아침 잔소리를 아들이 얼마나 수행했는지 체크한다. 물론 거의 모든 교육은 잔소리로만 끝났다. 엄마의 목소리는 커지고, 아들은 울거나 시무룩해진다. 엄마는 내 욕망으로 어린 아들을 너무 힘들게 하는 것은 아닌지, 죄책감이 든 상태로 아들과 함께 침실로 간다. 몸은 피곤하지만 잠이 잘 올 리가 없다.

다음날 아침이면 엄마도 아들도 전날의 불쾌한 감정들은 대체로 지워진다. 엄마는 또 출근 전 긴 의례를 아들에게 하고 있었다. 아들은 딴 짓을 하고 있고, 엄마만 일방적으로 진행하는 의례일 뿐이었다. 이것을 물끄러미 보고 있던 친정어머니가 작지만 단호하게 한마디했다. "얘야, 잘 키우려 말고 편안히 키워라." 그동안 딸의 자존심을 건드리지 않으려고 참아왔으나, 하고 싶은 말을 한 것이다.

그녀는 엄마의 말을 듣고 정신이 번쩍 들었다. 어디선가 자주 듣던 말이었다. 아들이 그녀의 뜻대로 안 될 때마다 들려왔던 말이다. 바로 그녀의 마음이었다. 그녀가 아들을 채근할 때마다 마음은 그녀에게 매우 부드럽게 말했다. "잘 키우려 말고 편하게 키워라." 그녀는 마음에게 이의를 제기했다. "왜요?" 마음은 말했다. "자식은 엄마가 키운 대로가 아니라, 스스로 키운 대로 산다." 자식교육의 정석이다.

 어떤 교육 방침보다도 중요한 것이 부모의 마음입니다.
부모의 '편한 마음'이 자식을 더 행복한 길로 안내합니다.

짜증이 늘어가는 자식을 어떻게 받아들여야 할까요

엄마는 '마마보이'란 말을 듣고 자란 아들을 착한 아들로만 생각했다. 대학생이 될 때까지 엄마의 말에 순종하는 엄마의 사랑스러운 아들이 었으니까. 아들은 친구들과 놀다가도 무엇을 결정해야 할 때면 "나, 엄마한테 물어보고"라고 유보했다. 엄마는 사사건건 엄마에게 물어오는 아들이 있어 행복했다.

그런 아들이 대학생이 되더니 서서히 태도가 바뀌었다. 엄마에게 묻는 횟수가 줄어들고, 엄마에게 안 내던 짜증도 내기 시작했다. 엄마 생각에 아들은 잘못돼가고 있는 거다. 엄마의 말이 아들에게 더 이상 통하지 않자, 엄마는 당신이 믿는 신에게 매달려 기도했다. "오, 신이시여. 잘못된 길로 가면서도 그런 줄 모르는 당신의 아들이 어서 뉘우쳐, 이 엄마에게 돌아오게 하소서."

기도를 마친 엄마는 자신의 아들을 '당신의 아들'로 바꿔 기도한 부분을 한참 생각했다. 깨달음이 왔다. "나는 왜 신의 아들을 내 아들로 알고 있었지. 나는 왜 신의 아들을 내 뜻대로 키우려 했지."

그날 집으로 돌아온 아들은 또 한바탕 짜증을 부리며 엄마를 화나게 했다. 다른 때 같았으면 몹시 화나고 섭섭했겠지만, 그날은 엄마의 생각이 달랐다. "신의 아들이 나에게 화를 내는 것은, 신에게 낼 화를 엄마인 나에게 대신 내는 거야. 엄마가 편하니까. 엄마는 신의 대리자니까."

마음은 더 편했다. 이 세상에서 엄마의 역할은 신의 자녀에게 잠깐 대리모가 되어주어, 신의 자녀가 신에게 부릴 투정을 대신 받아주는 것이다. 모자의 갈등은 엄마 때문도 아들 때문도 아니고, 다 신에게 속하려는 몸부림이다. 오히려 갈등이 없는 게 문제. 이즈음에 나는 신의 대변인인 마음에게 물었다.

"부모가 자식을 대하는 가장 이상적인 태도는 무엇인가요?"

"자식을 자기 것으로 여기지 말라. 사실 그렇기도 하고."

"그럼 갈등은 왜 생기나요?"

"자식을 자기 것으로 생각하니까."

 자식은 부모에게서 독립을 시도하고 있습니다.
이제는 자식을 '내 것'으로 여기지 않는 지혜가 필요한 때입니다.

자식이 좋은 길을 포기하고 어려운 길로만 가려 합니다

의사 되라고 초등학교를 막 졸업한 아들을 해외유학 보내줬다. 안 가려는 아들, 꼭 보내려는 부모, 그때는 부모가 이겼다. 부부가 함께 많은 돈을 들여 10년 동안 유학시켰는데, 아들은 의사가 적성에 맞지 않다고 의학전문대학원의 진학을 포기하고 귀국했다. 미국에 다시 돌아가서 의전에 입학하라는 부모의 압력과 의전은 절대 가지 않겠다는 아들의 뒤늦은 자기주장이 난타전을 벌였다. 이때는 아들이 이겼다.

아들은 영어학원에서 강사를 하며, 작가가 되는 수업을 병행하고 있었다. 의사인 부모가 볼 때는 한심했다. "작가 해서 밥이나 먹고살 수 있는지……" 부모는 아들에게 나이 더 들기 전에 어서 미국 가라고 다그쳤으나, 아들은 더 완강히 저항했다. 그러면서 부모 마음 한 편에 드는 생각이 있었다. "그래, 여기서 같이 살자." 미국 가서 의사 되면 거기서 취업하고 미국시민권 얻는다. 그러면 피만 나눴지 해외동포나 다를 바 없다. 그렇게 살아가는 사람들도 많기는 하지만, 그래서 얻은 부모의 자기만족은 빛 좋은 개살구에 불과하다.

부모는 자기들이 생각한 최선은 실패했지만, 차선으로 가족이 함께 사는 것도 괜찮다는 것을 받아들여야 했다. 아들은 의사 되라고 많은 돈을 투자한 부모의 노력이 공염불로 돌아간 것에 대해서 죄송함을 가지고 있었다. 그러나 내가 미국 의사가 되어 부모와 남이 돼서 사느니, 차라리 한국에서 하고 싶은 일을 하면서 부모와 자식관계를 유지하는 것이 낫다는 생각을 했다. 이는 오랜 기간 외로운 유학생활에서 나온 '마음의 파동'이었다. 아들이 의전은 절대 안 가겠다고 버틴 힘은 이 마음의 파동에서 나왔다. 마음의 파동은 잔잔하나 운명과 같아서 따르지 않고는 못 배기는 어떤 힘이 있다.

그로부터 2년 후, 부모는 6개월 간격으로 건강이 악화되면서 수술을 받았다. 부모는 아들의 간병을 받으면서, 아들은 부모를 간병하면서, 아들이 중학생이 된 이후 잃어버린 부모와 자식 간의 끈끈한 정을 다시 회복할 수 있었다. 부모는 자신들의 욕망을 아들에게 요구한 것을 후회했고, 아들의 길을 인정해주었다. 부모의 마음에 잔잔하지만 강한 파동이 일어났다. 이 파동은 아들이 미국에서 오랫동안 부모에게 보내온 파동이고, 부모는 이제야 그 파동을 받아들인 것이다. 그러나 그 파동 역시 부모의 마음에 이미 있었던 것이다. 미국에서 활동하는 의사 아들에 대한 기대가 커서 외면했을 뿐이다.

마음의 파동은 잔잔하지만 넓고, 조용하지만 강하다. 우리는 관계 속에서 이런 마음의 파동을 수없이 느낀다. 그것은 거역할 수 없는 운명처럼 내 생각과 행동을 움직여나간다. 마음의 파동을 따른다면 일시적으로 부조화가 뒤따를 수 있으나, 뚝심을 가지고 따라가면 마침내 조화를 이룬다.

 오히려 자식이 선택한 가치에서 울려나오는
'마음의 파동'을 느껴보십시오.
그것은 부모도 이미 원했던 방향일 수 있습니다.

집에만 틀어박혀 있는 자식 때문에 답답합니다

가끔 공황장애가 일어나는 것이 불안해, 외부 출입을 스스로 금하고 집안에 혼자만 있으려는 대학생이 있었다. 엄마는 중병도 아닌 것을 가지고 엄살 부리는 자식을 위해 대책을 찾아봤으나 효과를 못 봤다. 답답한 엄마는 사람들을 만나면 하소연하느라 말만 길어졌다.

엄마의 말을 자세히 들어보면 자식에 대한 걱정이 아니라 자신에 대한 걱정들이다. 다들 그렇다. 나는 엄마의 이야기를 어떤 판단도 하지 않고 그냥 들어줬다. 한 시간가량 이야기한 엄마는 쌓인 한이 좀 풀렸는지, 얼굴을 붉히며 말했다. "죄송해요. 딸이 아닌 제 걱정만 늘어놓았어요. 제가 저밖에 모르는 사람인가 봐요."

엄마는 자신이 걱정 많은 사람이라는 것, 그리고 그 걱정이 딸에게 옮겨갔다는 것을 다시 한 번 깨달았다. 상담은 상담사가 내담자의 어른이 되어주는 것이다. 자기통찰은 어린이인 자아가 어른인 마음의 소리를 듣는 것이다. 부모는 어린 자녀의 말을 들어줌으로써 아이들을 어른으로 성장시킨다. 엄마의 통찰이다.

"선생님이 제 이야기를 들어주셔서 제가 자기통찰을 한 것처럼, 저도 아이의 이야기를 들어주면 아이도 자기통찰을 하겠지요. 그러면 공황장애를 이길 힘도 생기겠지요."

나도 마음속에서 떠오르는 소리가 있었다.

"가족은 서로 들어주어서 화평하고, 서로 들어달라고만 해서 불화한다."

 이제는 자식의 이야기를 들어줘야 할 시간입니다.

자식이 제가 해주는 음식을 거부합니다

아들은 집을 나가 자취를 하면서 자립심이 한층 더 생겼다. 처음에는 일주일에 한 번씩 집에 오다가, 반년이 지나니 2주일에 혹은 한 달에 한 번씩 오기도 한다. 엄마는 아들이 집에 올 때마다 밥상을 잘 차려놓고, 엄마 딴에는 아들을 생각해준다고 예전처럼 식탁에서 음식을 챙겨주려 했다. 그럴 때마다 아들은 쌀쌀하게 말했다.

"제발 놔둬요. 제가 알아서 먹는다니까요."

이 말이 한 세 번 정도 나오면, 엄마는 자신이 아들을 세 번 귀찮게 했다는 것은 까맣게 모르고 마음에 상처를 받는다. 음식물은 모성의 대표적 상징이며 실제다. 모성이 풍부한 엄마일수록 자식을 위해 만든 음식물을 자식에게 거절당하면 상처받는다.

모성이 지나치게 많은 엄마는 모성의 대가로 자식을 통제하려 든다. 내가 너에게 이만큼 해줬으니 너도 나에게 이만큼은 해줘야 해, 이런 식이다. 자식이 모성을 간섭이라고 느낄 즈음에 모성은 상처받는다. 어떻게 상처를 안 받을 수 있을까? 이전에 해주던 것을 덜 해주거나 안 해주면 된다. 그러나 모성이 강한 엄마는 덜 해주는 것을 모성의 강탈이라고 생각하여 하지 못한다.

그 강하고 질긴 모성 때문에 가족이 탄생했다. 그 질긴 모성을 통해 자녀는 성장했다. 그리고 이제 가족의 질서가 변화를 앞두고 혼란스러울 때, 모성을 포기하면 가족의 질서는 안전하게 재편된다. 이처럼 엄마의 변화는 가족에 지대한 영향을 미친다. 유대인 속담이다. "신은 아무 곳에나 있을 수 없어서 엄마를 대신 두었다."

우리가 신을 인식할 즈음에 신은 '스스로 존재하는 자'로 우리 앞에 서 있다. 우리는 신에게 더 이상 요구하지 않고 신의 비위를 맞추려 하지 않는다. 신은 우리의 자율적 성장을 존중해주는 존재다. 그것을 인식할 때 비로소 우리는 신과 하나가 된다.

자녀가 모성을 인식할 즈음에 엄마는 스스로 존재해야 한다. 자녀는 엄마에게 더 이상 요구하지 않고 비위를 맞추려 하지 않는다. 엄마는 자녀의 자율적 성장을 존중하고 곁에서 그들을 응원해줄 뿐이다. 때가 되면 엄마는 스스로 존재해야 한다. 마음이 말했다. "사람은 때가 되면 스스로 존재해야 하며, 스스로 존재한 사람은 그들끼리 하나가 된다."

 자식은 지금 부모로부터 독립을 시도하고 있습니다.
이제 부모도 자식도 서로 무언가를 요구할 필요 없이
스스로 존재해야 할 때입니다.

게임에 빠져 있는 자식과 전쟁을 치르고 있습니다

중학생인 아이가 자정이 넘도록 컴퓨터 게임을 하고, 침대에 누워서는 또 스마트폰으로 유튜브를 봐서 매일매일 아이와 각축전을 벌이며 사는 엄마가 있었다. 엄마의 언성은 높아지고 아이는 지지 않으려 하고, 감정 전쟁은 일상이 됐다. 요즘 이런 문제로 고민하는 엄마는 상당히 많으나, 청소년 초기의 아이가 가진 그런 습관을 고치기란 쉽지 않다.

엄마가 말했다. "어제도 또 한 차례 난동을 치렀어요. 저러다가 게임 중독되면 아이 인생이 어떻게 되겠어요. 막아야 하잖아요. 못하고 공부하게 해야 하잖아요."

나는 이렇게 답변했다.

"내 아이의 특성은 엄마가 가장 잘 아니, 방법도 엄마가 알고 있어요. 엄마가 모르는 것은 아이를 대하는 자세에 관한 것입니다. 자세는 방법보다 더 중요해요."

"자세요?"

"아이의 예상 수명은 백 살에 이릅니다. 그런데 어머니는 중학교 2학년이 아이 인생의 전체인 것처럼 조급해 하고 있어요. 아이는 자기 인생의 100분의 1을 살고 있는 겁니다."

잠시 시간이 흘렀고 엄마의 조급증은 편안함으로 바뀌었다. "아, 그러네요."

엄마의 마음이 열리자, 내 마음에도 떠오르는 소리가 있었다.

"부모가 자녀에게 행하는 모든 양육은 하나의 과정일 뿐 전체는 아니다. 결과는 자녀 스스로 만들어가고 전체는 누구나 도달하게 되어 있다. 부모는 보상을 포기함으로써 성장하고, 자녀는 의존을 포기함으로써 성장한다."

 부모가 자식을 가르치는 기간은 긴 인생에서 한 부분일 뿐입니다.

자식은 결국 자신의 인생을 살아가야 합니다.

그가 스스로 깨닫고 독립적으로 살아갈 수 있도록 지원해주십시오.

가족들에게 소외받다 보니 늘 허전함이 있습니다

부부 간의 사이는 좋은데, 자녀에게 애정을 주지 못하는 경우도 있다. 이런 가정의 아이는 부모와 함께 있으면서도 홀로라는 느낌을 받는다. 그는 성장해서도 여전히 그런 느낌에 휩싸인다. 그가 속한 집단에서 잘 어울리는 것 같으면서도 홀로 외롭다. '군중 속의 고독'이란 말이 어울리는 경우다.

이런 가정에서 자란 그녀가 한 말이다. "저는 어느 집단에 있든지 잘합니다. 그러나 사람들은 저를 있는 것 같으나 없고, 없는 것 같으나 있는 사람으로 취급합니다. 저는 그 말의 의미를 몰랐습니다. 결혼해서 아이를 키워보니 제가 어떤 성격의 사람인지 알게 됐습니다. 저는 아이들에게 애정을 주고 싶으나 이상하게 잘 안 됩니다. 아이들도 제가 최선으로 베푼 애정에 만족하지 못합니다. 그러고 보니 제 안에는 늘 허전함이 있었습니다."

그녀는 어린 시절에 물리적으로는 부모와 함께 있었으나, 부와 모 사이의 관계가 부모와 자식 간의 관계보다 더 좋아 밀려난 느낌이었다. 이 상황을 반전시킬 힘이 본인에게 없으니 투명인간으로 도망쳤다. 있으나 없고, 없으나 있는 투명인간은 외롭다. 그녀는 대화 중 자신이 화제가 되면 얼른 다른 곳으로 대화의 주제를 돌리는 버릇이 있다. 바로 그 순간, 그녀의 얼굴에서 보이고 싶어 하지 않는 허전함이 묻어나는 것을 나는 봤다. 그녀의 부모가 자식보다 서로를 더 필요로 한 것처럼 상대는 또 다른 더 좋은 관계가 있다고 여겨 자기를 숨기는 거다. 그것은 투명인간의 인간관계 스타일이다.

한편 이 허전함은 그녀의 매력이기도 했다. 우수에 잠긴 것 같으면서도 우수를 사용하는 감각. 그녀는 오묘한 신비를 지녔다. 내성적인 남편은 그녀의 신비에 반해 적극적으로 청혼했으나, 그녀는 나쁘지 않다는 소극적인 태도로 청혼에 승낙했다.

나는 그녀의 신비에 감춰진 허전함을 보았다. 그것들은 너무 오랫동안 묵혀서 잊혔거나 의미가 퇴색된 것들이었다. 우리는 피하고 싶은 허전함을 있어야 할 본래의 자리로 돌려놨고, 퇴색된 것들의 의미를 되찾았다. 그녀는 허전함의 마스크인 신비주의를 더 이상 유지할 필요가 없어졌다.

그녀가 한 말이다. "저의 허전함에 대해 말하기 시작하면서, 저는 선생님의 마음에 있는 허전함을 읽었습니다. 그것은 저를 안정시켰고, 제 허전함의 밑바닥까지 들어가게 했습니다." 놀란 나에게 마음이 말했다. "허전함은 허전함을 만나 충만해진다."

 허전함을 가리기 위한 신비주의 전략에서 나오십시오.
그리고 같은 허전함을 지닌 사람들과 대화하십시오.
허전함을 풀어놓는 과정에서 충만함이 흘러나옵니다.

가족들 때문에 계속 나 혼자만 상처받는 것 같습니다

자기 연민에 빠지면 타인이 보이지 않는다. 부부싸움 중에 남편이 전업주부인 아내에게 당신이 한 일이 뭐냐고 따지자, 아내가 한 말이다. "나, 당신 자식 키우잖아." 남편이 반문했다. "그럼, 당신 자식은 아닌가?" 아내는 찔끔했다. "내 자식 맞나?" 아내는 자식에게 좋은 것을 해줄 때마다 보상심리가 작용했다. "잘 기억해. 내가 너에게 이렇게 해준 것을⋯⋯."

돌이켜보니 그녀의 엄마가 그녀에게 그랬다. 남편과의 관계가 대면대면한 그녀의 엄마는 공부 잘하는 딸에게 집착하고 보상을 낙으로 삼았다. 그녀는 그런 엄마가 싫었지만, 자식을 키우다 보니 자신도 엄마처럼 되고 말았다. 그녀는 책임을 엄마에게 돌렸다. "엄마가 나를 이렇게 키웠기 때문에 나도 내 자식에게 이렇게 하는구나."

마음의 상처는 '누구 때문'이기도 하다. 상처받은 그도 공동체 안에서 살아가는 한, 다른 누구에게 상처를 줄 수밖에 없다. 상처도 서로 주고받는 것이라면, 상처에도 속뜻이 있는 게 틀림없다. '누구 때문'은 타자를 비난하고 세상을 위험한 곳으로 만든다. '나 때문'은 자기를 비난하고 자기를 나쁜 사람으로 만든다. 상처 그 자체를 내가 마땅히 지니고 갈 것으로 여긴다면, 거기서 의미와 성장소를 발견하게 된다.

마음의 성장은 '~때문'을 마땅히 받아야 할 무엇으로 바꾸면서 촉진된다. 너 때문에 운 것이 아니라 울어야 했으니 울었다. 나 때문에 일이 뒤틀린 것이 아니라 지금은 뒤틀려야 하니까 뒤틀렸다. '때문'만 하다가 일생을 끝낸 사람은 죽어서도 같은 곳에 모여 '때문'만 외치고 있을 것이다. 어떻게 하면 아무 소득도 없는 '때문'을 그만둘 수 있을까? 마음의 소리를 들으라.

"타인을 연민하라."

"저는 아직 자기 연민에서도 나오지 못했습니다. 먼저 자기 연민에서 나오는 법을 알려주세요."

"자기 연민에서 나오는 최선의 방법은 타인 연민이다."

가족은 내 탓과 네 탓, 수많은 자기 및 타인 연민을 주고받으며 성장하는 공동체이고, 악연과 선연으로 짜인 직물과 같다. 가족이야말로 신화가 없는 현실의 토대 위에 있다.

 상처는 범인을 지목한다고 치유되지 않습니다.
나 자신에 대한 연민을 넘어 '타인 연민'으로 나아가는 것이
마음을 성장시키는 최선의 방법입니다.

큰 보상을 기대하며 지금의 고통을 견디고 있습니다

정신치료에 오랫동안 종사한 사람에게는 직관이 있다. 이 사람이 치료 받아 사회의 일원이 될 수 있는지, 아니면 평생 누군가의 도움을 받으면서 살아야 하는지. 그러나 정신치료사는 가급적 긍정적이고 희망적인 말을 해주고 싶어 한다.

심각한 소시오패스 아들을 둔 기독교인 부모에게 말했다.

"평생 십자가로 알고 살아야 마음이 편해질 겁니다. 또 부모의 마음이 편해야 아이에게 덜 요구하고 아이도 편할 거구요."

엄마는 반색을 하더니 말했다.

"우리 목사님이 계시를 받았는데, 이 아이가 하나님을 위해서 큰일을 할 거라고 했습니다."

"큰일이라뇨?"

"많은 사람들에게 도움 되는 큰일을 하는 겁니다. 그때를 위해서 미리 정신병의 고난을 받고 있는 거라고 했습니다."

"댁의 아들은 이미 큰일을 하고 있습니다."

"큰일이라뇨?"

"기독교인들은 십자가를 큰 영광이라고 하지 않습니까. 부모님께 십자가를 안겨드렸으니까 큰일이지요."

엄마의 안색이 나빠졌다. 내 말보다 출석교회 목사님의 예언에 더 신뢰를 두는 것 같았다. 그로부터 2년 후에 그 엄마를 다시 만났다. 아들에게 변화가 없자, 부모는 아들을 평생 십자가로 지라는 내 말을 많이 생각해봤다고 했다. 그러면서 아들에 대한 기대를 내려놓았고, 아들 역시 요구를 덜 받아 마음이 편해지자 이상 증상이 많이 사라졌다고 했다. 나는 마음의 소리를 들었다. "십자가를 진다면야 큰일은 계속 일어난다."

무거운 십자가는 항상 우리 집 거실에 있다. 지고 싶지 않아도 지게 되는 그 십자가에 대한 보상 또한 우리 집 거실에 있다. 이왕이면 인상 찡그리지 않고 졌으면 좋겠다. 가족은 다양한 십자가의 교과 과정으로 구성된 인생학교다.

 보상 받으려는 마음은 오히려 가족을 더 힘들게 합니다.
어차피 짊어져야 할 고통이라면,
마음을 편히 가지고 고통과 친숙해지는 것이 행복을 위한 길입니다.

남편의 잘못을 지적하지 못하는 저 자신이 답답합니다

잠자리에서 남편이 아내에게 말했다. "당신, 내가 첫 번째 남자야?" 긴장이 풀린 아내는 말했다. "아니." 아내는 결혼까지 해서 아이가 둘인데 그런 질문을 하는 남편이 어처구니없어 보였다. 그래서 물었다. "당신은?" 남편은 아무 말도 하지 않고 등을 돌렸다.

그런 후에 남편은 아내가 성적 수치심을 느낄 만한 말을 종종 했다. 아내는 우리 시대에 혼전순결을 지킨 사람이 얼마나 되느냐고 항변하고 싶었지만, 들켜버린 죄책감 때문에 기가 죽어 겨우 부부생활을 유지해 나가고 있었다.

"여성은 혼전순결을 지켜야 하고 남성은 안 지켜도 되나?" 마음속으로 항변을 해도 문화적 토양에서 나온 죄책감은 어쩔 수 없다. 부부는 성의 문제로 뒤틀어졌다.

알고 보니 그 즈음에 남편은 사업을 이유로 새벽에 귀가하는 일이 많아졌다. 본인의 죄책감을 아내에게 뒤집어씌우려는 질문에 아내가 걸려든 것이다.

아내는 아이들을 위해서라도 부부관계의 회복을 원했으나 쉽지 않았다. 남편은 아내의 혼전 성관계로, 아내는 남편의 알 수 없는 늦은 귀가로, 부부관계는 점점 더 소원해졌다. 밖으로 도는 남편은 이런 생활도 나쁘지 않다고 했으나, 아이들의 크고 작은 뒤치다꺼리를 하는 아내는 이런 부부관계가 자녀교육에 아주 나쁘다는 것을 안다. 아내는 자신을 죄인 중에 죄인으로 두면서까지 어떻게든 부부관계를 개선해 보려 했으나 다 헛수고였다. 자아의 의지와 노력이 바닥날 즈음에 마음이 답했다.

"세상에는 여러 형태의 부부관계가 있는데, 무늬만 부부도 그중 하나야. 이런 형태가 무조건 나쁘다는 것은 세상의 편견에 불과해. 좋다면 좋은 것이 되고, 나쁘다면 나쁜 것이 되는 것이 부부관계야. 부부관계는 둘만의 세계야."

아내는 무늬만 부부도 있다는 말에 큰 힘을 얻었다. "그렇게라도 못 살 거는 없지. 나, 무늬인 부부라도 좋다. 이혼한 부부라도 좋다." 아내는 남편에게 당당해졌다. 그랬더니 아내를 대하는 남편의 태도가 달라졌다. 하긴 자기도 잘한 것은 없으니까.

남편은 당당한 아내를 두려워한다. 남편은 여성인 아내가 당당해지면 그들의 모성콤플렉스가 작동하여 어린이가 된다. 그래서 세상은 남자가 지배하지만, 남자는 여자가 지배한단 말이 나왔다. 여성이 남성을 이기는 방법은 힘이 아니라, 스스로 강해져서 그들의 모성콤플렉스를 움직이는 거다.

 '무늬만 부부라도 좋다'는 마음으로 남편 앞에서 당당해지십시오.
그것이 그들의 '모성콤플렉스'를 움직이는 방법입니다.

무뚝뚝한 성격 때문에 부부관계가 점점 삭막해집니다

그녀는 여성성이 부족했다. 아내의 여성성은 모성의 기반으로 삶의 전선에서 지친 남편을 위로해주고, 커가는 자녀들에게 정서적인 자양분이 된다. 아내가 여성성이 부족하면 남편이라도 여성성이 있어야 그런대로 궁합을 맞춰간다. 그러나 그녀의 남편은 성실하기만 했지 아내만큼이나 무뚝뚝하다. 이들 부부에게 외식은 문자 그대로 밥을 바깥에서 먹는 것에 불과했다.

남편의 퇴근 시간에 맞추어 외식을 하던 어느 날, 아내는 말없이 밥만 열심히 먹는 남편이 안쓰러워 보였다. 일과 가정만 알고 살아온 남편, 아내의 간질간질한 애교 한 번 받아보지 못한 남편, 퇴근 후에는 텔레비전만 보다가 먼저 안방에 들어가 침대에 눕자마자 코부터 고는 남편, 남편의 엄마는 아들이 저렇게 살기를 원했을까?

이런 측은지심이 생기자, 아내는 엄마가 아이를 대하듯이 남편에게 반찬을 챙겨줬다. 식당에서 나오자 아내는 남편의 팔짱을 끼고, 뭐라고 애교를 떨려고 했으나 손이 오글거려 못했다. 그런 자신의 애교 없음을 탓하며 팔짱 긴 손으로 가슴을 남편의 팔에 밀착시켰다. 남편은 결혼 이후 한 번도 없었던 아내의 구애행동에 움찔했다. 남성은 여성의 가슴에서 모성을 느낀다. 남편은 오늘 하루 동안 있었던 세상살이의 긴장이 스르륵 녹는 기분이 들었다. 그 순간, 아내는 자신이 여성이라는 것을 새삼스럽게 느꼈다.

이 낯선 감정은 남편을 측은지심으로 바라보면서 생겼다. 여성성의 힘은 측은지심에서 나온다. 측은지심의 능력은 타고나는 것이지만, 누구나 노력하면 향상시킬 수 있다. 여성성을 지닌 사람들의 마음속에서 나오는 자부심이다. "우리의 측은지심은 세상에서 가장 뜨겁다. 가족은 이 뜨거움으로 산다."

 상대를 '측은지심'으로 바라보는 '여성성'이 필요합니다.

여성성은 남녀를 가리지 않고 있는 것으로,

가족을 구원하는 가장 뜨거운 감성입니다.

누가 먼저 이혼하자고 할지 서로 눈치를 보고 있습니다

"빨리 지긋지긋한 집에서 나와야지"라며 서둘러 결혼한 여성이 있었다. 결혼 동기가 그래서였을까. 그녀는 남편을 자신의 구원자로 생각했다. 나를 구원해준 남편은 위, 구원 받은 나는 아래가 됐다. 이때부터는 남편이 자신을 버릴까 봐 불안해했다.

남편 앞에만 서면 아내는 작아진다. 남편은 버림받을지 모른다는 불안을 가져 경직된 아내가 처음에는 부담스러웠다. 나중에는 아내의 마음이 딴 곳에 가 있는 것으로 오해했다. 이렇게 엇나가니 아내는 남편이 정말 이혼을 요구해올지 모른다고 생각했고, 아내와 소통이 안 되는 남편은 답답해했다.

아내는 씩씩하게 살기로 결심했으나, 성장기에 뭉쳐 덩어리가 된 감정은 시시때때로 그녀를 괴롭혀 남편과의 관계를 서먹하게 했다. 어떻게 감정의 혼란에서 벗어날 수 있을까. 고민만 하다가 이렇게 긴장하며 살 바에야 차라리 이혼하는 게 낫겠다는 판단이 섰다. 나의 결혼 동기는 잘못됐다. 이혼하면 이혼하리라. 신혼 초부터 이혼당할 것을 걱정한 그녀가 먼저 이혼을 결심하니 이상하게 편하고 담담해졌다. 아내의 마음에서 들려온 소리다.

"너는 지긋지긋한 집에서 탈출한 것이 아니라, 나올 때가 돼서 나왔다. 남편과 너는 서로 구원자면서 피구원자의 관계다. 돌아봐라. 지금까지 그 역할을 서로 번갈아가면서 하지 않았던가. 남편 앞에만 서면 너만 작아진 것이 아니라, 남편도 네 자존심 때문에 작아진 적이 많다. 너는 이혼당하는 사람만이 아니다. 네가 먼저 당당히 이혼을 결심하지 않았는가. 남편만 너와 소통이 안 되는 것이 아니라, 너도 남편과 소통이 안 된다고 불평하지 않았는가."

아내는 남편과 대등해지고 있었다. 일생을 함께 사는 부부는 자주 시소게임을 즐긴다. 올라갔다 내려갔다, 거기서 형성되는 낙차는 부부가 함께 살아가는 에너지이기도 하다.

 지금 부부는 서로 대등해지려는 '시소게임'을 즐기고 있습니다.

이혼이든 다른 어떤 것이든,

누구 하나의 의견으로 결정할 수 없는 것이 부부관계입니다.

갈등이 심해질까 봐 가족들과 대화조차 꺼려집니다

그녀는 부자관계에 대한 평범한 희망을 가지고 있었다. 남편이 아들과 함께 축구를 하고, 보드게임을 하고, 여행을 하고, 텔레비전 드라마처럼 목욕탕에서 서로 때를 밀어주는 것이다.

그러나 과묵한 남편은 여행은 고사하고, 어린 시절에 아들이 함께 놀자는 제의에는 응한 적도 별로 없었다. 놀아주기 싫어서가 아니라 어떻게 놀아줘야 할지를 몰라 아내에게 위임해버린 거다.

게다가 남편은 워낙 바쁘다 보니 부자관계는 늘 소원했다. 아내는 이런 점이 늘 서운했다. 혹시 아들이 아버지에 대해 나쁜 감정이라도 가지고 있는 것은 아닐까 걱정했다. 또 아들은 대학 때부터는 자취를 했다. 거기다가 군대 2년, 그리고 다시 복학해서 자취생활까지, 고교 졸업 후에는 계속 부모와 떨어져 있었다.

그녀는 아들의 눈치를 보며 살며시 물었다. "네 아빠가 과묵해서 말로 표현을 못해서 그렇지, 너를 사랑하고 있다는 걸 알고 있지?" 아들은 아무렇지도 않은 듯이 말했다. "저도 알아요. 아빠가 저를 사랑하고 있다는 것을요. 어릴 적에 좋은 기억도 많이 있어요." 그녀는 아들의 말을 남편에게 전했고, 남편은 그 말을 듣고 눈시울을 붉혔다고 했다.

사람들은 가족관계가 어떠해야 한다는 것쯤은 다 알고 있다. 그런데 머리로 아는 그것들이 우리 가족에게는 제대로 실천이 되지 않는다고 생각한다. 우리 가족은 어딘지 문제가 있을 거라는 생각을 떨쳐 버리지 못한다.

가족 안에는 너무나 많은 문제들이 친절하게 때로는 격렬하게 일어난다. 당신이 동경하는 동창생 아무개의 가족도 마찬가지다. 가족은 달 콤한 열매를 따 먹으라고 맺어진 관계가 아니라, 갈등과 고통을 자양분 으로 삼아 성장하라고 맺어진 관계. 가족심리학은 보상을 제시하기 위한 것이 아니라, 가족의 문제를 성장소로 사용하기 위해서 생겨난 학 문이다. 보상과 보상의 기쁨은 무상하게 없어지고, 성장만 남는다.

　마음의 소리를 들어보자.

"가족관계에서 일어나는 갈등은 은총이다. 본래 은총은 시간이 지난 뒤라야 깨닫는다. 가족의 은총은 더욱 그렇다. 모든 가족은 다르게 구 성됐다. 다른 가족을 모델링하는 일은 거의 불가능하고, 만일 그렇게 된다면 내 가족의 정체성은 없어진다."

"가족이 성장해야 할 시점은 바로 지금 여기서부터다. 지금 이대로 시작하라. 지금까지 잘못했다고 후회되는 일들이 있다면, 바로 지금부 터 다시 시작하는 거다."

 서로 애정이 없다면 갈등도 없었을 것입니다.
가족 간의 갈등은 그 가족 고유의 정체성이자 '은총'입니다.
갈등을 두려워하지 말고, 대화를 시도하십시오.

이혼이 과연 최선의 선택이 될 수 있을까요

그녀는 매우 보수적인 기독교 신앙을 가지고 있었고, 그런 신앙으로 교회에서 인정받아 유급 전도사 직분까지 받았다. 남편은 아내를 위해 간혹 교회에 나가줬으나, 아내가 전도사가 된 후에는 매주 교회에 나가야 했고, 전도사 아내의 권유로 성가대까지 앉게 되었다. 아내는 남편을 그렇게 교회에 묶어두면 하나님이 다 알아서 살펴주시겠지 했다.

남편은 아내에게 최고의 서비스를 제공하기 위해서 교회생활을 한 것이지, 아내와 같은 신앙을 가지고 있지는 않았다. 오히려 아내의 그런 외골수 같은 태도가 싫었으나, 자기 의견을 말해봐야 서로 목소리만 커지고 아내는 요지부동이니 겉으로만 따라가 줬다. 겉은 하나가 된 것 같았으나 속은 멀어져 갔다. 남편은 아내의 고집스러운 신앙을 이해할 수 없었으나 그것도 아내의 인생이라 생각하고 그러려니 했다. 아내는 남편의 그런 무덤덤한 태도가 믿음이 없어서 그런 거라고 생각했다.

드디어 일이 터졌다. 남편에게 수년 동안 다른 여성이 있었던 것을 아내가 알아차렸다. 남편의 말에 의하면 정서적 외도에 불과하다지만, 아내는 그 말을 믿을 수 없었다. 아내를 더 실망하게 한 일은 남편이 그런 일을 저지르고도 반성하는 기색이 없다는 것이었다. 남편의 말이다.

"정서적 외도, 그거로 하면 나보다 당신이 더 심했어."

"도대체 무슨 말이야?"

"당신은 교회에 정서적 외도뿐만 아니라 시간과 돈까지 다 바쳤거든."

아내는 더 이상 말을 잇지 못했고, 남편은 아무렇지도 않은 듯 한마디 더 했다. "당신도 계속해, 나도 계속하고."

이쯤 되면 어렵다. 아내는 반평생 공들인 신앙관을 바꿀 수 없다. 바꾸는 척은 해줄 수 있어도. 남편은 아내를 교회와 결혼한 여인이라 하여 포기했다. 이런 부부도 있다. 정서적 연결고리가 없는 이 부부는 이혼할 수도 있다. 어쩌면 이혼이 서로의 행복을 위해서 최선일 수도 있다.

마음에게 물었다. "이혼도 은총인가요?" 마음은 말했다. "은총은 시간이 지난 뒤라야 당사자들이 깨닫는다."

 정서적 연결고리가 없다면 이혼도 '은총'이 될 수 있습니다.
다만 은총은 시간이 흐른 뒤 당사자들이 깨닫는 것입니다.

5장

삶
Life

**복잡해 보이지만
단순하게 풀어가는 것**

목표와 계획을 세워도 뜻대로 되지 않아 고민입니다

한 유명 소설가의 '독자와의 만남' 시간이 있었다. 대화가 한창 무르익을 무렵에 말없이 듣고만 있던 한 독자가 물었다. "선생님께서는 어떻게 글을 쓰십니까?" 순간 분위기가 썰렁해졌고, 누군가 구시렁댔다. "아니, 지금까지 뭘 듣고……." 그래도 소설가의 입에서 무슨 말이 나올지 모두가 주목했다. 소설가는 진지하게 답했다.

"한 문장을 쓰고 다음 문장을 씁니다. 거기에 스토리, 플롯, 복선, 서사가 다 있습니다."

잠시 후에 소설가는 한 마디 더 했다.

"제 말이 이상하게 들리나요? 꾸준히 글을 써오신 분들은 제 말을 충분히 이해하셨을 겁니다."

나는 작가의 말에서 인생론을 발견했다.

"인생은 한 시간을 살고 다음 한 시간을 사는 거다. 거기에 삶의 이야기, 복선, 의미, 목적이 다 들어 있다."

꾸준히 인생을 살아온 분들은 충분히 이해할 수 있을 거다. 그러자 마음도 거들었다. "맞아. 하루살이 인생은 너무 길어. 인생이 단 한 시간이라면, 세상의 아무리 큰 걱정거리라도 한 시간짜리밖에 안 되는 거야. 너희들은 인생을 너무 길게 봐. 그것이 문제야."

 인생을 너무 길게 내다보고 먼 계획만 짜는 것이 문제입니다.
한 시간 뒤에 일어날 일만 생각하더라도,
우리는 창의적이고 주도적인 인생을 살아갈 수 있습니다.

들어서 도움이 되면 법문이다

오래전, 석가탄신일에 있었던 일이다. 강원도에 있는 어느 강가에서 한 스님을 중심으로 이삼십 명의 신도들이 둘러 모였다. 가까이 가서 보니 신도들은 방생할 물고기를 가지고 왔고, 방생하기 전에 스님에게 자기 문제를 털어놓고 해답을 듣는 거룩한 의식을 거행 중이었다. 나도 스님의 법문을 들으려 가까이 갔다.

올 가을에 집을 팔아라, 내년에는 사업이 잘 풀릴 거다, 외국으로 나가지 말라, 금년 안에 자녀에게 좋은 일이 있을 거다, 이렇게 하면 우환이 풀릴 거다. 내가 들은 스님의 법문이었다. 신도들은 속 시원한 법문을 내려준 스님에게 두 손으로 합장하고 스님 앞에 있는 헌금함에 돈 봉투를 넣었다. 그리고 강가에 가서 몇천 원짜리 물고기 한 마리 놓아주었다.

나는 그 자리를 나오면서 중얼거렸다. "나 참, 스님이나 신도나 천생연분이다."

그때 마음이 내 머리를 한 대 때렸다. "겸손해라. 세상에는 그런 법문을 하는 스님도, 그런 법문이 필요한 신도들도 있는 법이다." 난 화가 나 물었다. "그것도 법문인가요?" 마음은 말했다. "들어서 유익하면 법문이지. 너도 오래전에 그런 법문을 했던 적이 있다는 것을 기억하느냐?"

술, 담배 등 자꾸 몸에 해로운 짓을 합니다

사람들은 왜 몸에 해롭다는 술, 담배, 과식, 과한 운동 등으로 몸을 축낼까? 이런 피학적인 일들은 언제 어디서나 있어왔다. 정답은 육신의 본능을 달래기 위해서다. 공기의 질량보다 더 가벼운 영혼이 둔탁한 육신으로 들어와 인간이 됐다. 인간은 존재의 하부기능인 육신의 본능도 잘 다뤄야 제 역할을 한다. 금욕주의는 영혼의 임시 집이나 다름없는 육신을 돌보지 않아, 결국 영혼도 제 기능을 못하게 만든다.

왜 목사들은 맛난 음식에 집착하며 맛있는 식당을 꿰고 있을까? 그들은 육신의 본능을 일반인보다 더 억압하면서 살아야 한다. 그들은 목회를 위해 참았던 본능을 맛난 음식으로 즐겁게 해준다. 작가들은 아이디어가 떠오르지 않으면 줄담배를 핀다. 니코틴이 몸 안으로 흡수되어 몸의 긴장을 풀어 본능을 달래주기 때문이다.

담배를 끊으려 여러 번 시도했으나 못 끊은 애연가에게 해준 말이 있다. "당신의 본능을 다독거려줄 그 밖의 다른 것을 찾아야 금연할 수 있네. 그냥 몸에 안 좋아서 금연한다면 배려받지 못한 본능이 어떤 방법으로든 복수할 걸."

어떤 소설가는 유치한 글과 함께 광대처럼 보이는 원색의 옷을 입고 찍은 사진을 SNS에 자주 올린다. 점잔 떠는 사람은 노인네가 주책이라고 하는데, 천만의 말씀이다. 그분은 건전한 방법으로 자신의 본능을 달래주고 있는 거다.

미국의 시사 주간지인 《타임Time》이 20세기의 100대 사상가 중 한 명으로 뽑은 죽음 의학자이면서 영적 지도자인 엘리자베스 퀴블러 로스

Elisabeth Kubler-Ross는 애연가였다. 그녀는 자기 몸에 즐거움을 주는 방법으로 담배를 계속 폈다고 한다.

엄하게 길들인 초자아는 몸이 만족하면 죄책감을 부여한다. 엄격한 초자아에 비해 마음은 몸의 본능에 대해 관대하다. 자아는 몸과 무의식의 층에 자리잡고 있다. 자아가 사는 집인 몸의 본능을 너무 억압하면 자아도 함께 불안해진다. 마음이 말했다. "누가 본능의 억압을 덕이라고 규정했느냐." 본능은 에너지 덩어리다. 잘 관리하고 잘 쓰면 되는 것으로 억압만이 능사가 아니다.

 몸의 본능에 대해 애써 억누르지 말고 배려해 주십시오.
건전하게 본능을 관리하고 다스리는 방법은 매우 많습니다.

삶이 무료하고 즐거운 일이 하나도 없습니다

요즘 들어 즐거움이 없어졌단 말을 하는 분들이 참 많다. 즐거움이 없어졌다는 것은 새로운 방식으로 즐거움을 찾으라는 마음의 신호다.

즐거울 일이 없던 어느 날, 나는 늘 가는 공원의 벤치에 앉아서 강가를 무심히 바라보고 있었다. 그러다가 의자 밑에 떨어진, 사람들이 하도 밟아서 딱딱해져 진회색으로 변한 껌딱지 하나를 무심히 내려다 봤다. 여기에 앉아 무심코 씹던 껌을 여기다 뱉었을 사람, 이후 여기 앉아 이 껌딱지를 무심결에 밟았을 사람들, 그들이 이 벤치에서 생각하고 느꼈을 것들을 상상해보니 마음이 찡했다.

다들 그렇게 자기 연민을 가슴으로 안고 등으로 지고 사는 것이 인생이다. 여기 땅바닥에서, 이름 모를 사람들의 신발에 짓밟히며 인간의 자기 연민을 지켜봤을 껌딱지가 사랑스러웠다. 껌딱지가 말하는 것 같았다. "허구한 날 짓밟히며 산다고 나를 동정하지는 마. 내가 여기 붙어서 얼마나 많은 너 같은 사람을 불쌍히 여겼는지 알아? 그것이 내 할 일이란 말이야."

마음이 말했다. "네가 무엇을 사랑하면, 그 무엇도 너를 사랑한다. 사랑은 베푸는 자, 받는 자가 따로 있지 않다. 나는 사랑의 공급자고 상대는 사랑의 수혜자라는 생각은 오만의 극치다."

 껌딱지 하나만 봐도 사랑스러울 수 있다면, 세상 모든 미물을 가슴으로 끌어안는 '즐거움'을 느낄 수 있을 겁니다.

사는 것은 다람쥐 쳇바퀴 돌리기

"딱히 이렇다 할 정신적 문제는 없습니다. 그냥 사는 것이 다람쥐 쳇바퀴 돌리는 것 같아 재미없고 지루합니다." 무덤덤하게 이런 말 하는 사람들을 종종 만난다.

다른 심각한 정신적 문제를 가진 사람들에게 이 정도는 문제도 아니다. 그러나 어떤 문제든 본인에게는 가장 큰 문제다. 사는 것이 다람쥐 쳇바퀴 같은 것은 지금 별일이 없다는 뜻으로 복이다. 인생에서 그런 복은 잠깐 동안만 주어지니 그때를 즐겨라.

머지않아 그 쳇바퀴를 수리해야 하거나, 새로운 쳇바퀴를 만들어야 하거나, 혹은 쳇바퀴를 강탈당하는 일들이 반드시 일어난다. 인생의 쳇바퀴는 잠깐 쉬어가는 복이니 마음껏 즐겨라.

어떤 일에 임하든 이겨야 한다는 강박이 있습니다

2018년 러시아 월드컵. 조별 예선에서 한국은 2패를 했고 독일과 마지막 경기를 앞두고 있었다. 강력한 우승 후보인 독일은 멕시코에게 패하면서 한국을 꼭 이겨야 16강에 들어갈 수 있었다. 축구전문가들은 한국의 승률은 2퍼센트, 독일의 승률은 98퍼센트로 예상했다.

경기는 뜻밖이었다. 독일 전차부대의 속공을 한국은 거침없이 막아냈다. 한국이 2:0으로 이겨 월드컵 역사의 새로운 페이지를 썼다. 피파 랭킹 57위가 1위를 이긴 것이다.

독일은 어떻게 해서든지 이겨야 했고, 이길 줄 알았고, 지면 안 됐다. 한국 팀은 이기나 지나 짐 싸서 비행기 타고 귀국해야 했다. 한국 팀은 이미 마음을 비웠고, 남은 일은 최선을 다하는 것뿐이었다.

마음 비운 사람의 독한 잠재력을 보여준 경기였다. 마음을 비우면 무섭다. 어떤 일도 마음을 비우고 달려들면 못 이룰 것이 없다. 그런데 마음 비우는 일이 어렵다. 어떻게 하면 마음을 비울까. 마음이 들려줬다. "마음을 비우겠다는 생각조차 비우는 거다." 맞기는 한데 더 어려운 것 같다. 그래서 물었다. "그게 어떻게 가능하나요?"

마음이 말했다. "편하게 앉아서 호흡에만 집중해 봐. 그러면 마음이 비워져. 물론 잘 안 될 거야. 그때는 하나에서 넷까지 반복해서 세 봐. 그러면 아주 짧은 시간이라도 비운 마음을 경험할 거야. 하나에서 열까지 세려는 욕심은 버려야 해."

 오히려 마음을 비우고 욕심을 버려야 좋은 결과가 나타날 겁니다.

인생은 유머다

위대한 물리학자일 뿐만 아니라, 우주와 세상의 원리를 알아 지혜를 겸비한 아인슈타인은 '인생은 유머'라 했다. 유머에는 복잡하고 까다로운 원리가 없다. 유머에는 내 뜻도 상대의 뜻도 없지만, 내 뜻도 상대의 뜻도 단순하게 만드는 힘이 있다. 인생이 복잡한 것은 스스로 복잡하게 만든 것이고, 인생이 단순한 것은 스스로 단순하게 만든 것이다. 유머는 인생을 단순하게 만든 사람이 선물로 받은 낭만이고 매력이다. 마음이 말했다. "인생은 유머다. 이거 하나 알아차리겠다고 일생을 사는 거다."

이름이 마음에 들지 않아 개명을 고민 중입니다

그의 이름은 성경 속의 인물인 '모세'다. 사춘기 이후부터 그는 자기 소개를 할 때마다 항상 주춤거렸다. 꼭 성서에 나오는 바다를 가른 그 사람이냐고 물어보는 사람이 있었다. 부모님께 이름을 바꿔 달라고 여러 번 졸랐지만, 부모님은 모세처럼 훌륭한 지도자가 되라는 뜻이니 바꾸면 안 된다고 했다. 모세는 모세처럼 살려고 나름 노력했지만, 성서 속 모세만큼은 아니었다.

사람의 이름에는 자신이 아닌 부모의 뜻이 담겨 있다. 청년기까지는 부모의 뜻을 위해서도 산다. 청년 후기로 갈수록 부모와 분리돼 자기로서의 삶이 뚜렷해진다. 그때부터 내 인생은 내 이름하고는 상관없이 흘러간다. 그럼 자신에게 맞는 이름으로 개명하는 것은 옳은가?

작명가들은 이름에 과한 의미를 부여하며 개명을 권장한다. 그들도 먹고는 살아야 하니 말이다. 개명은 기분의 문제이지, 그것이 자신의 인생에 실제적 영향을 미치는 것은 아니다. 이름은 이름이다. 이름대로 사는 것이 아니다. 이름이 똥개라 해도 똥개처럼 못 산다. 마음이 들려 줬다. "네 인생을 변화시키는 것은 네 이름이 아니라, 네가 세상에서 경험하는 것에 붙여주는 이름이다."

 남이 붙여준 이름에 휘둘릴 것 없습니다.
반대로 세상에 이름을 붙여주며 자신의 인생을 개척하십시오.

세상이 너무 불공평해 원망과 비난이 늘어갑니다

미국 시민권을 가진 친구와 전화할 때마다 그가 한 말이었다. "경제개발 초기에 미국 유학했다는 것만으로 전문가로 인정받아 정관계에 참여하여 국가의 기조를 입안하고 추진한 놈들이 문제야. 그놈들 미국식 자본주의만 가져왔지 그들의 높은 윤리의식이나 국가의 통치이념 같은 것은 가져오지도 않았어. 그러니 대한민국이 그 모양이지."

친구가 이런 말을 할 때마다 나도 덩달아 열받았다. 그러나 이제는 친구도 그 말을 하지 않고, 해도 나는 열받지 않는다. 개인이 아무리 높은 윤리의식을 가졌다 해도 집단욕망 안에 들어가면, 자기 것을 지켜내기가 힘들다는 것을 나이 들면서 알았다. 그것이 옳다는 것이 아니다. 집단의 욕망에 대항할 만큼 자기 신념에 투철한 사람은 아주 드물다는 것이다.

오히려 성격이 괴팍하거나 고집스러운 사람이 집단에 역행하는 예언자적 역할을 수행한다. 세상의 기준으로 덕이 있다거나 평범한 사람은 그 사회가 존재하는 방식에 기여는 해도 개혁적으로 행동할 수는 없다. 6·25 전쟁 이후 성공의 꿈을 가지고 미국에서 유학하고 갓 들어온 소위 선진 학자들과 대한민국 정관계 지도층의 집단욕망이 잘 맞아떨어져서 대한민국은 이렇게 됐다. 국민총생산은 높지만, 한쪽으로 편중돼 있다. 그 누적된 폐해의 결과로 지금 대한민국은 몸살을 앓고 있다. 헬조선, 부의 대물림, 흙수저와 금수저, N포시대 등의 신조어는 치료받지 못한 몸살의 부산물이다.

가파른 배고픔의 고개를 넘으면서, 기업은 어떻게 해서든지 최대의 이윤을 내야 했고 노동자는 몸이 망가지더라도 야근을 하며 돈을 모아야 했다. 모두가 그렇게 땀 흘리며 뛸 때는 기업의 윤리니 가진 자의 윤리니 하는 것들은 생각조차 못했다. 그 사이가 크게 벌어지면서 사회 정의에 대한 집단의 요구가 응집되어 표출됐다. 이 응집된 힘이 시대의 예언자를 부른다. 예언자는 공공의 이익을 위해서 투쟁하는 사람이다. 예언자는 집단이 쌓아온 열망에 응답한다.

예언자는 변화를 갈망하는 사람들의 마음속 깊은 열망을 압축해서 실천해야 하니, 극단적이거나 괴팍해 보일 수밖에 없다. 싯다르타도 부귀영화를 포기해 산으로 들어간 괴짜 중에 괴짜였다. 소크라테스는 피할 수 있는 사약을 피하지 않은 극단주의자였다. 예수는 당시 종교나 정치의 기득권자들이 살해 대상으로 지목할 정도로 타협할 줄 모르는 성격이었다. 독재 시대에 민주주의의 선구자로 한몸을 불사른 함석헌 선생도 예외는 아니다.

지금은 시대가 변했다. 온라인 커뮤니티가 발달해, 사람들은 카리스마 넘치는 한 사람에게 주목하지 않는다. 모두가 각자의 위치에서 예언자가 되어야 하고 예언자로 살아야 한다. 이런 책임을 느낀 사람에게 마음은 들려준다. "집단에 속하되 집단을 뛰어넘어라. 그리고 옳다고 믿는 바를 실천하라."

 세상을 바꾸는 사람은 위대한 영웅이 아닌 바로 자신입니다.
자신이 속해 있는 곳에서 예언자로 활동하십시오.
예언자는 옳다고 믿는 바를 실천합니다.

앞으로 뭘 하고 살아야 할지 막막하기만 합니다

어느 길이 내 길인지 알면 용기를 내어 가겠는데, 그걸 모르겠다고 고민하는 사람들이 많다. 종교를 가진 사람은 또한 신의 뜻을 모른다고 해서 더 그렇다. 무지가 아니라 용기의 문제다.

마음이 들려줬다. "내 앞에서 열리면 내 길이다. 내 앞에서 막히면 기다리거나 우회하면 된다." 당신은 묻고 싶을 것이다. "열린다고 다 가면 되나? 어떤 때 기다려야 하고 어떤 때 우회해야 하나?"

마음의 처방은 단순하다. "열리면 가라. 이것이 정답이다. 기다리거나 우회하거나 그것은 너의 선택이다. 너는 몰라서 묻는 것이 아니라 용기가 없어서 묻고 있다. 너는 무엇이 너에게 더 이익이 되는지 욕심으로 묻고 있다. 인생에는 손실도 이익도 없다. 성장만 있을 뿐이다. 이 점만 잘 명심하고 인생길을 걸으라."

구약성서에 나오는 모세는 이스라엘을 이집트로부터 해방시키는 일을 하겠다고 다짐했다가, 이집트 관리 한 명을 죽이는 것으로 그의 포부는 끝나버리는 것처럼 보였다. 끝난 것이 아니라 시작이었다. 모세는 이집트 황제인 파라오의 보복이 두려워 광야로 도피한 것처럼 보였다. 도피가 아니라 그 일을 하기 위한 준비 기간이었다. 준비 기간 40년이 되는 해에 모세는 이스라엘 백성을 이집트에서 탈출시켰다. 모세가 40년 동안 성장한 결과다. 모세와 이스라엘은 일주일이면 갈 길을 40년이나 걸려서 갔다. 고생스럽게 쓸데없이 광야 길을 유랑한 것이 아니라, 노예근성에서 벗어나기 위해 자유의지를 연단하는 성장 수업을 한 것이다.

그리고 모세는 약속의 땅을 앞에 두고 요단강을 건너기 전에 세상을 떠났다. 죽도록 고생만 하고 죽은 것이 아니라, 꼭 가고 싶은 곳을 가지 않음으로써 겸손의 미덕을 몸으로 보여줬다. 시간을 쪼개 보면 세상에는 실패도 있고, 성공도 있다. 전체로 보면 그 모든 것들은 한 개인의 성장에 기여한다.

인생이란 장거리 마라톤에서 시간은 그다지 중요하지 않다. 시간을 재지 말고, 시간 싸움도 하지 말라. 인생은 숱한 경험을 통해서 가야 할 곳에 이른다. 인생의 목적을 있다가 없어질 얄팍한 곳에만 둔 사람은 순간의 선택과 결정에 목을 매니 괴롭다. 우리가 가야 할 영혼의 목표만 분명하다면, 크고 작은 선택과 결정 그리고 그 결과에 연연하지 않을 수 있다. 마음이 들려줬다. "네 앞에 일어나는 일들은 너를 성장시키기 위한 디딤돌이다."

 당신의 마음은 이미 답을 알고 있습니다.
성공과 실패, 이익과 손해를 따지는 계산서를 버리고,
삶에서 일어나는 모든 일을 성장의 디딤돌로 삼으십시오.

7:3 법칙

사람에게는 완벽해지고 싶은 욕망과 '나는 최악'이라는 피학대증이 공존한다. 그러나 아무리 좋아도 70퍼센트를 넘지 않고, 아무리 나빠도 30퍼센트 반전의 가능성이 있다. 70퍼센트여서 겸손할 수 있고, 30퍼센트가 남아 있어 희망은 있다.

다양한 경우에 7:3의 법칙을 적용해보자. 아무리 불행한 사람도 30퍼센트의 행복은 있고, 아무리 행복한 사람도 30퍼센트의 불행은 있다. 아무리 불행하거나 행복해도 70퍼센트 이상은 아니다.

인체에서 수분과 장기를 포함한 살의 비율은 7:3이다. 지구에서 바다와 육지의 비율도 7:3이다. 마음의 소리도 100퍼센트가 아닌 70퍼센트의 확신으로 들으면 최고치다. 하늘은 인간에게 100퍼센트를 허락하지 않았다. 적당히 겸손하고 적당히만 절망하라고.

커밍아웃한 자식의 마음을 어떻게 되돌려야 할까요

소년은 중학교 3학년이 돼서야 "나는 소녀다"라며 커밍아웃했다. 집안이 발칵 뒤집혔다. 부모는 그냥 여성성이 풍부한 사내아이라고만 생각했다. 내 아들이 동성애자가 될 거라고는 상상도 못했다. 부모는 아들의 마음을 돌이켜 보려고 별별 노력을 다 했다. 그럴수록 아들은 더 화냈고, 관계만 멀어졌다. 소년이 한 말이다.

"제가 소녀로 살기로 해서 소녀가 된 게 아니에요. 다른 소년이 자연스럽게 소녀에게 끌리듯이, 저는 소년에게 끌리는 거예요. 이건 엄마 말처럼 의지와 노력의 문제가 아니란 말이에요. 그냥 저는 몸만 남자일뿐 여자예요."

부모는 아들의 말을 이해하기도, 수용하기도 힘들어 갈등만 깊어졌다. 그가 다니던 교회에서도 그의 성적 정체성은 거절당했다.

"저, 이제부터 교회 안 다닐 거예요. 하나님은 나를 왜 이렇게 만들어 놨어요. 하나님도 안 믿을 거예요. 왜 소녀에게 고추를 만들어놨어요. 하나님은 저를 저주한 거 맞죠? 맞죠? 힘들면 제가 더 힘들지 부모님이 힘드나요. 부모님이 왜 난리예요."

소년은 엉엉 울면서 긴 말을 늘어놨다. 마음이 진정될 즈음에, 너의 우는 모습이 꼭 여자 같다고 말해줬다. 그는 눈을 번쩍 뜨고는 얼굴에 생기가 돌았고 입가에 미소가 흘렀다. 자신의 성정체성을 인정해 주는 말 한마디면 큰 위로를 받을 것을……. 앞으로 이 아이가 살아갈 세월을 생각하니 마음이 무거웠다.

소년에게 물었다. "너, 정말 여자로 살아갈 수 있겠어." 소년은 말했다. "선생님이 남자로 살아가는 것처럼, 여자인 제가 여자로 살아가는 것은 당연하잖아요." 나는 마음의 소리를 들었다. "사람이 타인을 위해서 할 수 있는 최선은 그의 삶을 이해해주는 거다." 나는 그래도 부모 입장은 다르다고 항변했다. 마음의 소리가 또 들렸다.

"네가 소년의 부모를 위해서 할 일은 그들의 심정을 이해하는 것이면 충분하다."

 자식은 자식의 길을, 부모는 부모의 길을 가야 합니다.
사람이 타인을 위해 할 수 있는 최선은
그의 삶을 인정하고 이해해주는 것입니다.

6장

치유와 성장
Healing and Growth

**마음의 순리를 따르면
두렵지 않다**

아무도 나를 도와주지 않는다는 생각에 비참해집니다

의존성 성격장애로 상담치료를 받는 내담자는 치료사에 많이 의존한다. 그런 의존의 과정을 거친 후에야 의존성으로부터 벗어날 수 있다. 한 주에 두 번씩 상담을 받던 의존성 성격의 내담자가 분리를 해야 할 시기가 다가오자, 한 주에 한 번씩 하기로 했다. 그는 힘들 때마다 "선생님, 이번 주는 한 번 더하면 안 될까요?" 하고 내 의사를 물어왔다. 처음 얼마 동안은 상담을 추가하며 의존불안을 줄여보고자 했다. 그러나 계속 이렇게 하면 내담자는 자신의 의존성을 다룰 수 있는 기회를 잃어버린다.

문자가 왔다. "선생님, 오늘 많이 힘들어요. 내일 한 번 더 상담하면 안 될까요." 나는 답문을 보내지 않았다. 한 시간쯤 지난 후에 문자가 또 왔다. "선생님, 버텨 볼게요." 나는 즉시 답문을 보냈다. "예, 버텨 보세요." 그는 저녁 늦은 시간에 나에게 문자를 보냈다. "불안이 엄습해 오면 의존 대상을 찾습니다. 어차피 내가 버텨야 할 일이라 생각하고 마음을 굳게 먹으니 견딜 만했습니다." 버티는 자가 강자다.

한 방송국에서 중년의 치유와 성장에 대해 인터뷰한 적이 있었다. 그때 사회자가 마지막 질문으로, 심리적인 것이 아닌 현실적이고 구체적인 어려움에 빠진 중년들에게 힘이 될 만한 지침을 하나 달라고 했다. 그 어려운 질문에 나는 잠깐 망설였다. 현실적이고 구체적인 해결책이 있어야 하는데, 그게 안 되는 분들에게 무슨 말을 한단 말인가. 그 순간 내가 말한 심리적 처방들이 다 부르주아의 유희처럼 느껴졌다.

순발력이 필요했다. 나의 경험에 비추어 거의 반사적으로 말했다.

"버티세요." 버팀은 포기하거나 아무것도 안 하는 것이 아니다. 할 수 있는 것을 하고, 나 외에 또 다른 힘을 믿고 기다리는 것이다. 마음이 자아에게 내리는 최선의 실천 지침은 '버팀'이다. 버팀의 시험을 통과한 사람에게 마음은 기적을 베푼다. 이것은 말이 필요 없다. 버텨본 사람만 아는 진실이다. 마음이 말했다. "나는 스스로 버티는 자를 돕는다."

 사람에게 의존하기보다 스스로 버티는 법을 배우십시오.
버티는 자는 자신의 할 일을 알고 행하며
기다릴 줄 아는 사람입니다.

나도 싫어하는 내 모습을 들킬까 봐 두렵습니다

사람이 타인에게 가지는 감정은 자기 것을 투사하는 경우가 많다. 말하자면 내 감정으로 타인을 보는 거다. 그가 말했다. "선생님은 저의 많은 것을 알아버렸으니, 제가 싫어졌을 겁니다." 그는 자기 자신에 대한 싫은 감정을 다른 사람이 자신을 싫어할 것이라는 감정으로 바꾼 것이다. 이렇게 해서 오해가 생기고 적이 생기고 심하면 싸움도 일어난다.

투사를 거두어들이는 것은 오해를 푸는 것으로 서로에게 생긴 갈등을 해소한다. "인류의 불행은 투사에서 비롯되었다"고 한 심리학자도 있다. 그만큼 투사는 인간 삶의 전 영역에 퍼져 있다. 사람들이 서로 으르렁대는 것은 투사를 풀기가 그만큼 어렵다는 것을 의미한다.

내담자의 잠재력을 신뢰하는 인간중심·대상관계심리학의 상담기법에서는 내담자의 투사를 있는 그대로 수용하고 기다려주는 긴 과정이 있다. 내담자는 치료자에게 마음껏 투사를 하고 나서야 자기 마음 안에 써진 것을 있는 그대로 읽는다. 다시 투사를 거두어들이면 대상에게 가졌던 감정들이 대상과는 무관한 것임을 깨닫는다. 사람은 투사를 하고 다시 거두어들이는 긴 과정을 통해서 성장한다.

투사 때문에 내적 성장이 어렵다고 말하는 사람들을 위한 마음의 원리다. "투사를 두려워하지 말라. 투사를 하면 네가 보인다. 투사를 거두어들이라. 그러면 타인이 보인다."

 투사를 통해 자기 자신을 알았다면 절반은 온 것입니다.
이제 투사를 거두어들여 타인을 알아가야 할 차례입니다.

양심에 찔리는데도 그 일을 계속하고 있습니다

모 목사는 작은 교회를 목회하는 사심 없고 친절한 사람이다. 교회가 형편이 조금 좋아지자 교육관으로 쓰려고 신축상가를 분양 받았다. 그는 많은 금액의 은행융자를 받았고 자기 명의로 등기를 냈다. 그는 그 부동산을 자기 것으로 생각하지 않았으나 대출 원금이 조금씩 줄어들자 내 것 같은 생각도 이따금 들었다. 그럴 때마다 얼른 생각을 다른 데로 돌렸다.

은퇴를 한 5년 남겨놓자 복잡한 생각이 들기 시작했다. '건물 값은 많이 올랐다' '나, 이 작은 교회에 마음고생하며 중년 이후의 삶을 다 바쳤다' '교회는 퇴직금을 넉넉히 챙겨줄 형편이 못된다' '얼마 안 되는 교인들은 흩어질지도 모른다' '내 이름으로 된 부동산인데, 그냥 내 퇴직금으로 내가 가질 수도 있는 것 아닌가?'

그래서는 안 된다는 것을 알고, 그렇게 하면 자신의 삶에 큰 실수를 하는 것임을 안다. 그러나 법적으로는 그렇게 해도 문제가 안 된 판례가 있다. 또 그렇게 해서 후한 퇴직금을 챙긴 분들도 주변에 있다. 사례비를 적게 받아 모아놓은 돈도 없어 미래도 걱정됐다. "그렇게 한들 뭐가 문제인가?" 결심이 서자 끈질긴 마음의 갈등은 더 커졌고, 그로 인한 몸의 질병도 서서히 찾아왔다.

은퇴가 가까워오자 그는 양심의 소리가 괴로워, 자기도 모르게 자기를 합리화하는 설교를 하기 시작했다. 설교는 회전목마처럼 빙글빙글 돌았다. 그가 돌리는 회전목마에 성도들도 빙빙 돌다가 졸았다. 설교시간은 조는 시간이 된 것이다.

마음이 어떤 한 가지 욕망에 사로잡히면, 그는 더 이상 성장하지 못하고 멈춘다. 성장의 동기들이 그 욕망에 걸려 빙빙 돈다. 세상에는 이런 욕망의 암초들이 곳곳에 있다. 욕망의 암초에 걸려들면, 헤어 나오기가 정말 힘들다. 스스로 전투를 치르면서 나오든가, 아니면 나올 수밖에 없는 상황이 만들어져야 한다. 그는 다시 여행 채비를 차려 성장의 길을 갈 수 있을 것이다. 기회를 놓쳐 옳지 않은 욕망을 차지했다면, 그것은 불행이고 반드시 더 큰 전투를 치러야 하는 상황에 처하게 된다.

나는 그가 지고 가야 할 십자가를 보고 분을 품을 하등의 이유가 없었다. 그런데 그 말을 하는 성도의 허탄한 표정을 보고, 갑자기 잊고 있었던 정의감이 쑥 올라오면서 분노가 일어났다. 그때 마음이 말했다. "그 분노는 너의 것이 아니라 그의 것이다. 그는 그 분노와 함께 남은 생을 살아갈 것이다. 너는 너의 길을 가면 된다."

사람이 긴 생을 살면서 욕망에 빠져 빙빙 돌지 않고, 자기 길을 내질러만 가기는 불가능에 가깝다. 그럼에도 불구하고 자기 길을 가기 위한 지침 하나를 마음에게 요청했다.

"간단하다. 두리번거리지 말고 앞으로만 가면 된다. 두리번거려서 보이는 것은 전부 욕망이다. 욕망에 빠졌다가도, 그것을 알아차리는 순간 다시 앞을 향해 가면 된다. 인생의 모든 순간은 결과가 아니라 기회라는 것을 기억하라."

 잘못된 욕망에 젖어들면 어느새 양심의 소리를 외면하게 됩니다. 두리번거리지 말고 본래의 자신의 길로 묵묵히 가십시오.

자꾸 집으로 돌아가고 싶은 충동이 일어납니다

심리적 퇴행이 심해 휴직했다가, 심리치료를 받아 힘을 얻어 복직한 청년이 있었다. 일을 다시 하게 된 것은 치료의 외적 효과다. 그렇다고 내적 갈등에서 자유로워졌다는 것은 아니다. 청년은 기분이 처질 때마다 자기에게 익숙한 퇴행 상태로 돌아가고 싶은 유혹을 받는다. 퇴행적 생각의 종착은 차라리 집에 들어앉고 싶은 욕망이다.

청년은 퇴행의 유혹에 시달릴 때마다 묻는다. "퇴행에서 완전히 나오면 퇴행의 유혹도 없어지나요?" 퇴행에서 완전히 나오는 일은 세상에 없고, 그게 항상 좋은 것도 아니고, 가끔의 퇴행은 즐거움을 준다고 말했다. 청년은 그 사실을 다 알고 있다. 청년이 물은 이유는 몰라서가 아니라, 자기의 불안한 감정을 이해해 달라는 것이었다.

사람이 거친 세상을 살면서 퇴행적 생각이 드는 것은 당연하다. 우리의 마음도 쉬고 싶은 거고, 그런 유혹이 내적 평형상태를 조절하기도 한다. 마음은 마음 안에서 일어나는 생각이나 감정들을 존중하라고 한다. 깊은 마음의 소리는 깊은 퇴행에서 나온다. 우리는 명상 상태에서 보다 확실한 마음의 소리를 듣는데, 명상은 자아가 일상에서 떠난 퇴행 상태다.

 일시적 퇴행은 쉬고 싶어 하는 마음의 신호입니다.
오히려 '명상'과 같이 보다 깊은 퇴행을 통해
삶을 균형 있게 채워가는 방법을 배우십시오.

청년실업자가 되어 아무것도 못하고 있습니다

무엇을 해야 미래가 보장될 수 있는지 몇 년 동안 고민만 할 뿐, 어떤 선택과 결정도 내리지 못하고 뒤로 미루고 있는 청년이 있었다. 청년은 강박적으로 몸을 만드는 운동에만 집착하고 있었다. 그 이유는 자신이 최후에 막다른 길로 몰렸을 때 자기를 보호하는 방법이 근육질 몸매밖에 없다는 신념 때문이다.

청년은 길을 걸을 때나, 운전할 때나, 마트나 백화점에서 쇼핑할 때나, 큰 식당에서 식사를 할 때 어떤 힘센 사람을 만나 대결하는 상상을 자주 한다. 그리고 상대를 통쾌하게 깨부수고 구경하러 온 사람들의 박수갈채를 받는 상상의 오르가즘에 이르면 정신 나간 사람처럼 혼자 웃는다. 짧은 순간 동안 일어나는 상상이고 다시 제정신으로 돌아오므로 정신과병원에 가서 약을 처방받을 정도는 아니다.

지나친 상상은 불안에 대한 방어로 생긴다. 불안을 자아가 감당 못하면 여린 자아는 상상의 세계를 만들어 거기에 도취되는 것을 즐긴다. 그러는 사이에 그의 삶은 한 발자국도 앞으로 나가지 못한다. 청년은 또래에 비해 뒤쳐져 있는 자신의 처지와 청년실업의 당사자가 된 상태가 불안하다. 불확실한 세상에서 몸을 잘 만들어 생존부터 챙기겠다고 헬스에 미쳐 있는 거다. 불안 때문에 생긴 마음의 병은 불안과 싸워야 한다.

불안해서 현실에서 도망친 사람이 어떻게 세상과 싸울까? 세상과 싸워 꼭 이겨야 한다는 신념을 가지고 있으면, 질 것이 뻔해 싸우지도 못하고 뒤로 도망가게 마련이다. 불안에게 얻어맞을 각오를 하고 싸워

라. 맷집이 강한 사람은 힘도 세져 마지막 승자가 된다. 나는 청년에게 맷집을 키운다는 각오로 세상으로 나올 수 있도록 격려했다.

그럼, 맷집을 키워 내가 강해지면 세상이 변하는가? 맞다. 변한다. 객관적 시간이 존재하지 않듯이, 객관적 세상도 존재하지 않는다. 세상은 내가 생각하는 대로 된다. 불안한 사람은 불안한 세상을 만들고, 편안한 사람은 편안한 세상을 만든다. 마음이 말했다. "나 하나 변하면 세상이 변한다. 나 하나 변한다고 세상이 변하지 않는다고 투덜대는 사람은 변할 의지가 없는 사람이다."

나는 청년에게 되풀이해서 말했다. "세상과 싸워 이겨야 한다고 생각하지 마. 맷집 키운다고 생각하고 나가 싸워 봐." 청년은 내가 농담이나 하는 줄로만 여기며 좀 어이없다는 듯이 웃었다. 그러면서도 고개를 끄덕이며 깨달음이 있었던 것 같다.

청년은 시간제 아르바이트를 스스로 알아봐서 얻었다. 2주간 일을 했고, 사람들 시선이 자꾸 의식되어 그만두었다. 휴대폰에서 잠자던 친구의 전화번호를 꺼내 먼저 전화했으나, 만나자고는 못했고 안부만 묻다가 끊었다. 청년은 나를 찾아와 두 가지 실패담을 절망적으로 털어놓았다. 나는 청년에게 말했다. "자네는 두 번 실패한 것이 아니라, 그만큼 맷집을 기른 거네."

 불안에게 얻어맞을 각오를 하고 싸우십시오.
설사 실패하더라도 맷집을 키운다는 생각으로 버티십시오.
버티는 자가 강자입니다.

위로조차 버거울 때, 심리학이 인생에 도움이 될까요

신학과 영성을 고민하며 속 시원한 대답을 얻지 못할 때, 나는 심리학으로 고개를 돌렸다. 그것은 새로운 학문을 접하는 설렘이 있는 동시에 미지의 세계로 나가는 두려운 일이기도 했다. 어느 날, 나는 정말 우연하게도 '분석심리학'에 관한 책을 손에 쥐었다. 잘 모르는 내용이 많았지만, 분석심리학에는 심리학 그 이상의 무언가가 있었다. 분석심리학은 나의 신학적 사변을 심리학적 구체성으로 바꿔주었다. 이것이 계기가 되어 정신분석에 입문한 지 올해로 20년째다.

이후 심리치료의 임상적 요청에 따라 후기 프로이트 학파에 더 많은 관심을 가졌지만, 평생 동안 곁에 둘 심리학으로는 분석심리학을 택했다. 융의 세계관으로 들어가면 갈수록 그는 나의 영혼의 동반자가 되었다. 나는 융의 심리학적 개념이 아닌 그의 세계관에서 나와 공통점을 찾았다. 전혀 다른 공간과 시간에 존재했던 사람이 막역지우처럼 느껴지는 것은 그저 우연만이 아닐 것이다.

나는 융을 만나 외롭지 않았다. 누구든 영적 순례에서 같은 길을 걷는 사람을 만나면, 그 기쁨은 이루 말할 수 없다. 융은 영혼의 심리학자다. 또한 나의 후반부 인생길을 조명해준 그 밖의 정신분석학자들에게도 머리 숙여 감사를 드린다. 다른 차원에서라도 이들을 만난다면, 심리학이 아닌 마음의 대화를 나누고 싶다.

나는 강의실에서, 내가 깨달은 정신분석을 한마디로 요약해줄 수 있느냐는 질문을 받은 적이 있다. 나는 잠시 생각에 잠긴 뒤에 마음에서 떠오르는 소리를 그대로 전했다.

1. 정신분석은 뱁새가 뱁새 되게, 황새가 황새 되게 하는 것이다.

2. 정신분석은 뱁새가 황새 보고 열등감을, 황새가 뱁새 보고 우월감을 가지지 않도록 하는 것이다.

 지식으로 아는 것을 넘어 마음으로 대화할 수 있다면,

심리학은 위로의 도구를 넘어 인생의 동반자가 될 수 있습니다.

파리도 천사다

연단에 올라가 강연을 하고 있는데, 파리 한 마리가 전방 1미터 지점에서 쇄쇄 소리를 내며 내 신경을 건드려 강의를 방해하고 있었다. 이 날쌘 파리 한 마리를 나로서는 어찌할 수 없어서 신께 기도했다. "신의 이름으로 명하노니, 파리는 물러갈지어다." 그랬더니 파리가 말했다. "나 천사거든." 나는 얼른 되받았다. "말도 안 돼. 네가 천사라니." 파리도 되받았다. "나 날개 가졌거든. 신이 너에게 보낸 천사 맞거든."

천사는 신이 이 땅에 보낸 사신이다. 사신은 친서를 가지고 온다. 존재하는 모든 것들은, 심지어 미생물도 신으로부터 왔으니 신이 보낸 천사가 맞다. 그들은 신의 친서를 가지고 있다. 하물며 사람이랴!

그날, 파리 한 마리에도 마음의 중심이 흔들려 강연에 집중 못하는 자신의 한계를 직면했다. 나는 다른 어느 때보다도 겸손한 마음으로 강연을 했다. 강연이 끝나자, 강연 내내 내 곁에서 불편한 천사가 되어준 파리에게 한마디 했다. "고맙네. 너 같은 천사를 통해서도 나를 다 깨닫게 하시는구나. 그러나 앞으로는 나를 방문 안 해도 되네. 자네의 친서를 충분히 이해했으니." 파리는 불쾌하다는 표정으로 앞발을 나에게 내지르며 말했다. "앞으로는 저에게 파리채를 흔들지 마시고 저를 정조준해서 박수치면서 따라오지도 마세요. 당신 곁에 있는 모든 것들은 천사가 아닌 것이 없습니다." 마음이 말했다. "나는 천사가 아니면 너에게 보내지 않는다."

동네 뒷산에서 만난 숲의 요정

이른 아침에 뒷산을 산책하다가 미처 몸을 피하지 못한 사슴벌레 한 마리가 산책로 한쪽 끝을 기어 다니는 것을 봤다. 나는 집게가 하마 입처럼 벌어진 녀석을 볼 때마다 어릴 적 호기심이 발동한다. 손가락으로 장난을 치려고 쪼그리고 앉았다. 손을 살짝 대려는데, 집게가 쫙 벌어졌다. 어릴 적 녀석을 데리고 장난치던 생각이 나서 웃었다.

그 순간 나의 행동을 멈추게 하는 숲의 소리를 들었다. "너에게는 장난이지만, 얘에게는 생명을 위협받는 공포다." 나는 녀석을 사람들의 발에 밟히지 않도록 숲으로 옮겨줬다. 동물에게도 그 수준만큼의 유사정신이 있을 수 있다는 것과, 숲의 요정은 동네 뒷산에도 있다는 사실을 깨달았다.

떠나보내고 싶은 사람을 떠나보내지 못하고 있습니다

그녀는 이혼한 지 1년이 지났고 전남편은 이미 재혼까지 했는데도, 전남편을 '남편'이라 부른다. 그녀는 '남편'을 호칭할 때마다 서럽거나 분노의 감정이 올라온다. 그 남자에게 남편이란 말을 쓰고 싶지 않은데 말이다.

비록 이혼은 했지만 그녀의 내면에서는 그를 여전히 남편으로 생각하고 있었다. 내면에서 남편으로 생각하고 있는 한 그녀의 외적 삶은 남편에 대한 불필요한 감정에 휘말려 자유롭지 못하다. 내면의 남편을 떠나보내야 한다. 그러나 20년 동안의 미운 정 고운 정을 다 떠나보낼 수 없었다.

마음은 순리가 아닌 역리, 깜짝 쇼, 탐정소설 같은 반전, 극적인 순간에 집착하는 저급한 승리주의를 매우 싫어한다. 그런 것들은 마음 치유 사업에 종사하는 사람들의 장삿속이다. 못 떠나보내는 것들은 억지로 떠나보내려 말고, 마음의 소리에 귀 기울여야 한다.

마음은 순리를 따른다. "내보내고 싶지 않은 내면의 남편을 억지로 떠나보내려 하지 말라. 남편을 네 마음의 중심으로 초청하라. 그와 대화하라. 속으로 해도 좋고, 화장실 거울을 보고 해도 좋다. 너의 친한 친구 앞에서 해도 좋다. 그리고 내면의 남편이 하는 말을 잘 들어라." 이런 치유요법을 '적극적 상상'이라고 한다. 적극적 상상은 아주 유익한 심리치료 요법이다.

그녀와 충분한 대화를 한 내면의 남편은 더 이상 그녀의 내면에 머무를 필요가 없어졌다. 그녀 역시 내면의 남편에게 더 이상 끌려 다닐 이유가 없어졌다. 대화는 막힌 담을 허물고 경계가 없어진 담을 다시 세운다.

당신의 마음 안에서 일어나는 원치 않는 생각을 쫓아내려고만 말고 그것들과 대화하라. 싫증나도록 대화하라. 그것들은 당신에게 꼭 해주고 싶은 말이 있어서, 당신 안에 머물고 있는 것이다. 마음이 말했다. "네 마음 안에서 일어나는 어떤 생각의 조각도 버릴 것은 없다. 의미를 남기고 떠나는 것은 있어도."

 억지로 떠나보내려 하지 말고,

마음의 그 사람과 계속 대화하십시오.

그것은 나 자신과의 화해를 위한 대화이기도 합니다.

인생의 복잡한 문제를 어떻게 풀어나가야 할까요

쉬운 것은 어렵게, 어려운 것은 더 어렵게 말하는 사람이 지식인처럼 보이는 시대가 있었다. 대학 다닐 때 어떤 교수는 쉬운 것을 어렵게 만드는 데 고수였고, 학생들은 거기에 무엇이 숨어 있는 것 같아서 더 몰려들었다. 종강하는 날에는 종잇조각만 들고 나왔다.

전 세계의 콘텐츠가 손바닥 안의 스마트폰으로 들어온 지금의 세상은 다르다. 유튜브를 뒤져보면 온갖 강의가 그 안에 다 있다. 유튜브 동영상은 대중의 사랑을 받아야 조회 수가 올라간다. 쉬운 것을 어렵게 말하거나, 어려운 것을 더 어렵게 말하는 학자들의 상아탑은 외면당한다. 어려운 것을 쉽게, 쉬운 것을 더 편하게 풀어내는 선생이 대중의 사랑을 받고 대중을 선도한다. 그런 동영상 강의라야 유튜브에서 오래도록 살아남아 사람을 이롭게 한다. 그렇다고 진리를 전하는 강의를 한번 웃고 마는 개그콘서트로 만들자는 것은 아니다.

만일 예수의 설교가 유튜브에 저장됐다면, 예수의 말씀은 편저자가 속한 공동체의 입장에 따라 편집되지도 않았을 거다. 그러면 교회는 지금의 모습과 상당히 다를 것이다. 만일 석가의 강론이 유튜브에 저장됐다면, 불교 역시 지금의 모습이 아닐 것이다.

전문지식을 축적한 학자는 합리적 지식 전달자는 된다. 마음의 소리를 들은 스승이라야 지식을 진리로 풀어서 대중에게 전달한다. 어려운 것을 쉽게 전하는 능력은 노력만으로는 안 되고 마음의 차원에서 들려오는 소리를 들어야 한다. 이 분들은 시대의 스승이다. 내가 듣는 마음의 소리는 거의 항상 간단명료했다. 길게 늘어지는 경우도 있지만, 다 듣고 나면 한 문장으로 요약된다.

　내가 마음의 소리를 너무 얕잡아 보는 것은 아닐까? 마음은 내 머리를 쓰다듬으며 한마디 했다. "내가 하는 말은 쉽다. 그러나 이해의 폭은 각자의 수준에 따라 한다. 나는 네가 좋다."

 복잡한 문제일수록 단순하게 풀어가는 것이 마음의 방법입니다.

　　화려한 지식보다 간단명료한 마음의 소리에 귀 기울여보십시오.

상식이 깨져야 진리가 보인다

인터넷이 등장하기 이전은 지식의 시대였다. 열심히 공부해서 많이 안 사람이 그 앎으로 세상을 선도했다. 인터넷이 등장한 이후는 모든 지식을 공유하는 시대다. 지식은 능력이 아니라 정보일 뿐이다. 마음만 먹으면 스마트폰으로 필요한 모든 지식을 추려낼 수 있다.

지식은 합리성에 근거해 있다. 합리가 통하는 세상을 상식이 통하는 세상이라 부른다. 그러나 그것은 세상의 원리이지 진리는 아니다. 진리는 지식이 멈춘 곳, 정보가 끊긴 곳, 상식이 깨진 곳에서 샛별처럼 빛난다. 사람은 지식으로 살지만 진리를 추구하는 존재다.

"진리는 마음의 소리를 듣는 데서 나온다."

당장 내 마음의 상처부터 치료받고 싶습니다

10년 혹은 그 이상 된 자신의 심리적 고통을 단번에 해결하고 싶어 하는 내담자들은 항상 있다. 마음의 문제가 이렇게 쉽게 해결될 것 같으면 책 한 권 읽으면 끝날 일이다. 그들은 심리치료를 치료사와 주고받는 핑퐁게임 정도로 알고 있는 것 같다.

"문제를 얘기했으면 정답을 알려 주세요. 사적 이야기는 하고 싶지 않습니다." 그들의 심리적 갈등이나 고통은 이런 단순한 조급증이 만들어냈다. 그들의 치유가 더딘 이유는 자기 이야기를 풀어내지 못하기 때문이다.

다급한 그들의 심정은 십분 이해한다. 그러나 심리치료는 상처를 싸매는 것을 넘어 마음을 들여다보면서 하나둘씩 아픔을 풀어가는 과정이다. 마음의 병은 마음으로 표현하면서 치료된다. 마음으로 표현하다 보면 마음의 소리를 듣는 행운을 얻는데, 그때에 비로소 치유를 넘어 성장한다. 진정한 심리치료의 목표는 증상 완화나 소거가 아닌 성장이다.

융은 신경증의 근본적 치료는 증상 완화로 끝나는 것이 아니라 세계관이 변해야 한다고 말했다. 세계관의 변화는 각자의 심연에서 들려오는 마음의 소리를 들어야 한다. 마음이 말했다. "그것은 남이 아닌 당신의 소리를 듣는 것이고, 남이 아닌 당신이 되는 것이다."

 치유를 넘어 성장을 도모하는 것이 마음의 방법입니다.
먼저 자신의 이야기를 들려주십시오.

저와 정반대의 성격을 지닌 사람들에게 화가 납니다

그녀는 나서서 적극적으로 자기표현을 하거나, 용기와 자신감을 가진 여성들을 보면 이상하게 싫었다. 그런 여성이 집단에서 인정도 받고 능력 발휘도 하는데, 그녀에게는 그런 것들이 다 나대는 것으로 보였다. "여자는 나대면 안 돼"라는 엄마의 훈령이 마음속에서 들려왔기 때문이다. 유년기 마음의 테이프는 성인기에도 계속 돌아가지만 당사자들은 그 원인과 대처법을 잘 모른다.

그녀 안에도 나대는 것이 있었다. 엄마의 훈령 때문에 나대는 것을 나쁜 것으로 만들어 무의식에 억압하고 있었을 뿐이다. 마음의 소리는 억압되어 없는 줄 알았던 것을 꺼내어 있는 것으로 들려준다. "너도 나대고 싶었잖아." 그녀는 자신 안에도 나대고 싶은 욕구가 있다는 것을 겨우 인정했다. 이것으로는 부족하다. 마음은 성장하기를 원하는 사람들에게 연이어 부담을 준다. "너도 좀 나대라."

그녀로서는 상상도 할 수 없는 일을 마음은 주문한다. 사람들은 변화하기를 원한다. 변화는 못하던 것을 함으로써 얻는 선물이지, 점잖게 하늘을 향해 두 손 모아 빈다고 얻는 것이 아니다. 나대는 것을 실습에 옮긴 그녀는 나댈 수 있는 용기를 가질 것이고, 나대는 것에 감춰 있는 자신만의 잠재력을 발견할 것이다.

 사람들이 싫어하거나 부러워하는 대상은
자신에게 없는 것이 아니라 있지만 발견하지 못한 것입니다.
오히려 정반대의 성격을 마음껏 발산해 보십시오.

회식 자리에서 실수한 것만 같아 마음이 초조합니다

술을 즐기지는 않지만, 분위기가 만들어지면 주량 이상으로 술을 마시는 사람이 있었다. 그날, 그는 여러 술을 섞어서 마시고 기분이 좋아져서 좌중 분위기를 움직였다. 다음 날 아침에 술집에서 있었던 일들을 듣고 그는 깜짝 놀랐다. 절반은 기억났는데, 절반은 기억나지 않았다. 기억나지 않은 절반은 참석자들을 불편하게 했던 것들이다.

그는 숙취에서 깨어나려고 누워 있던 중에 백일몽을 꿨다. 건물이 허물어져 가는 공사장에서 건축기사가 여기저기 산만하게 놓여 있던 연장을 보고도 놔두는 꿈이었다. 전날, 그가 술집에서 행한 언행들이 산만하게 놓인 연장과 같다는 생각이 들었다.

그에게 백일몽은 꼭 어제 있었던 일이다. 그는 꿈을 이렇게 해석했다. "연장은 기술자의 손에 들려서 집을 짓기도 하고 허물기도 하는 도구다. 그러나 기술자의 손을 떠난 연장은 연장으로서의 기능을 못할뿐더러, 그 기술자도 무능하게 만든다."

그는 술에 취해 연장을 들고 집을 짓기는커녕 세운 집을 허문 사람 같았고, 연장을 공사장에 내동댕이친 사람 같아서 마음이 불편했다. 그러지 않아도 어제의 취중 행동을 후회하고 있었는데, 이런 꿈 내용은 그를 더 불편하게 했다. 그러자 마음이 말했다.

"아무튼 사람들은 일어난 일들을 자기에게 불리하게 해석하는 데 귀재다. 집은 허물어야 다시 짓는다. 기술자는 연장을 내려놓고 무능해져야 좀 쉰다. 쉬어야 창의적인 아이디어도 떠오른다. 그리고 다시 연장을 들고 새 집을 짓는다. 좀 쉬어라. 지금은 쉴 때다."

어제 합석한 친구가 말했다. "너 때문에 어제 좋았어. 안 그랬으면 오랜만에 만난 친구들도 있어서 어색한 분위기였을 거야."

 집은 허물어져야 다시 짓습니다.

지금은 쉴 때입니다.

연장을 내려놓고 자신의 삶을 돌아보십시오.

사람들과 어울릴 때마다 어지럽고 혼란스럽습니다

"사람들과 함께 있으면 혼란스러워요. 차라리 혼자 있는 게 좋아요."

이래서 은둔하는 외톨이가 생긴다. 마음도 자연의 원리를 따른다. 자연은 흐르는 대로 흐른다. 그러다가 흐름을 방해하는 것들이 나타나는데, 그것도 자연의 원리다. 강물은 흐름을 방해하는 바위를 휘감아 돌면서 속도가 증가하며 산소량이 많아져 수질이 정화된다. 바람이 불다가 계곡에서 막히면 회오리바람이 생겨 공기를 순환시킨다. 태풍은 바다를 휘저어놓아 바다의 생태계를 원활하게 한다. 마음의 혼란도 이와 같다.

여러 사람이 함께 모이면 정서적 혼란이 오는 것은 당연하다. 정신분석학자 비온Wilfred Bion은 구성원들이 과거를 현재로 옮겨 놓기에 정서적 혼란이 온다고 했다. 혼란을 다른 감정으로 대체하려 말고 있는 그대로 느끼고 그 안에 잠겨 의미를 찾아보라. 혼란은 대하기에 따라서 과거의 감정을 정화시키거나 순환시키는 데 사용된다. 혼란은 창조의 모태다. 천지창조 이전의 상태가 카오스(혼란)였던 것을 기억하라. 역사의 성장이나 새로운 창조는 반드시 혼란을 거쳐야 한다.

혼란이 고통스러운 것은 혼란하면 혼란만 보이기 때문이다. 혼란은 불청객이 아니라 당신의 마음을 정화하고 미래를 대비하도록 돕는 것임을 이해한다면, 혼란 중에도 혼란 이후를 보는 힘이 생긴다.

마음은 말한다. "혼란은 당신이 살아 있다는 증거다. 죽은 자는 더 이상 혼란스럽지 않다." 일자로만 흐르는 강, 고요하기만 한 계곡, 잔잔하기만 한 바다를 상상해 보았는가? 그것은 인간의 창조적 영감을 마비

시키는 악마다.

반항하는 철학자로 불리는 알베르 카뮈Albert Camus는 46세에 《반항하는 인간L'Homme Revolte》이라는 작품으로 노벨문학상을 받았다. 그는 그가 바란 대로 과격한 죽음, 참혹한 교통사고로 세상을 떠났다. 그의 작품과 그가 누린 자유는 반항에서 나왔다. 그는 혼란을 문학적 재능으로 승화시켰다. 그는 스스로 혼란해짐으로써 혼란한 사람에게 영혼의 벗이 되었다. 혼란한 사람은 그의 작품으로 들어가 봐라. 삶을 대하는 그의 생생한 노력에 당신도 동참하게 될 것이다.

 마음의 혼란은 당신이 살아 있다는 증거입니다.

혼란을 쫓아내지 말고 그 안에 잠겨 보십시오.

창조는 바로 거기서 나옵니다.

나이를 먹어갈수록 세상에 대한 비난이 심해집니다

세상에 대한 비난의 글을 멈추지 않고 계속 올리는 어떤 사람이 있었다. 그의 비난이 무조건 잘못된 것은 아니다. 그는 잘못된 것을 찾아내 비판하는 능력을 가지고 태어났다. 99가지가 잘 되고 한 가지가 잘못되었다고 하자. 그는 한 가지가 99가지보다 더 크게 보일 거다.

한 번은 그런 특별한 재주에 대해 SNS 친구들의 의견을 듣고 싶었던지 짧은 글을 올렸다. "나는 왜 세상에 대해서 분노할까?" 당신은 정의로우니까, 우리의 후세대를 보다 좋은 곳에서 살게 해주려고, 사회의 변화를 위해서, 대략 이런 긍정적인 댓글들이 달렸다. 그는 댓글에 대한 댓글을 친절히 달아줬다.

나도 댓글을 달았다. "불의에 분노하시는 것인지, 자신에게 분노하시는 것인지요?" 나는 그가 내 글에 아무런 반응도 안 할 거라고 짐작했고, 내 짐작은 맞아떨어졌다. 그는 자신의 부모에 대한 비난을 세상에 전이시키고 있는 것이 분명했다. 비난을 위한 비난은 세상을 변화시키지 못하고, 비난하는 자신도 괴롭다.

마흔 살에는 얼굴을 책임져야 한다면, 쉰 살에는 사용하는 언어를 책임져야 한다. 쉰 살 이전에는 저항하면서 나의 것을 만들어왔다면, 쉰 살 이후부터는 내가 정립한 것들을 발전시켜야 한다. 쉰 살 이후에도 여전히 비판적으로만 된다면, 자기 것이 없다는 것을 말해줄 뿐이다.

비난을 무슨 자신의 사회적 사명처럼 생각하는 사람에게 마음이 말했다. "너의 내면에 각인된 부모상과 화해하라. 네가 부모를 뜯어 고칠 수 없었던 것처럼 세상도 그렇다. 네가 먼저 부모상과 화해하면 부

모와의 관계가 달라진다. 네가 먼저 세상과 화해하면 세상과 관계하는
방식이 달라진다."

사람은 쉰 살이 돼서야 내면의 부모상에서 벗어나고, 예순 살이 되어
야 진정으로 자기 자신이 된다. 그래서 예순을 철드는 나이라 했고, 공
자는 '이순耳順'이라 칭하며 생각이 원만해지고 이해의 폭이 넓어지는
시기라 했다. 이때야말로 사회에 공헌할 수 있는 적기다.

 이제는 내면에 있던 부모상과 화해해야 할 때입니다.
그동안 자신이 정립해온 것을 잘 살피고 정리하십시오.

7장

사랑
Love

**가장 속되지만
성스러운 욕망**

감정이입이 지나쳐 제정신이 아닐 때가 있습니다

2014년 4월 16일, 세월호 사고가 터진 날이었다. 한 남성이 배에 갇혀 죽음의 시간만 기다렸을 어린 학생들을 생각하니 가슴이 미어져 견딜 수 없었다. 그는 신비하게도 학생들이 느꼈던 것과 동일한 고통을 느꼈다. 그 고통에 동참하려고 가까운 바닷가로 가서 뛰어들었다. 다행히 곧바로 구조대가 달려와 사고를 수습하여 목숨을 건졌다. 그러나 후유증으로 폐에 문제가 생겼다.

평상시에도 그는 타인에 대한 지나친 배려로 감정소모를 많이 했다. 세월호 사고 당일, 그는 무엇엔가 빙의되는 것을 느꼈고, 그 소리에 따르지 않으면 안 될 것 같았다. 제정신이 아니었던 것이다.

우리는 제정신이 아닐 때 인간성의 본질에 다다를 수도 있다. 현실 원리에 밀려 무의식 어딘가로 밀려났을 인간 본연의 모습이 제정신이 아닌 틈을 타서 불쑥 올라오기도 한다. '세월호 희생자와 나는 둘이 아니라 하나'라는 무의식의 강한 느낌에 그는 압도당했다. "사랑은 동참"이라고 자신도 모르게 계속 중얼거렸다고 한다. 정상인이라면 그런 감정이입에 거리를 둘 수 있겠지만, 세월호 학생들과 하나 되기로 한 그에게는 그런 경계선이 없었다.

어떤 강한 힘에 의하여, 그는 희생자들의 고통을 내 것으로 느끼는 신비적 연합에 참여했다. 사랑의 본질을 이야기한 그는 정신이 나간 것이 아니라, 오히려 세상살이에 시달려 나간 정신이 잠깐 제정신으로 돌아온 것이다. 인간은 본래 사랑 안에서 연합된 존재다. 잠깐 정신병자가 되어본 경험은 제정신으로 사느라 외면한 인간성의 본질을 알아차리는 것으로 그의 삶에 매우 유익하다. 마음이 그에게 말했다. "사랑은 미쳐야 제대로 한다."

그는 남은 생을 약해진 폐와 사투하며 살아야겠지만, 타인과 하나 됐던 신비로운 체험은 그의 남은 삶을 풍요롭게 할 것이다. 그가 병원에서 퇴원할 즈음에 마음이 그에게 물었다. "세상에서 제정신인 사람이 정신병자고, 정신병자인 사람이 제정신인 것을 너는 이해할 수 있겠느냐?"

 오히려 사람은 제정신이 아닐 때
인간성의 본질에 도달할 수 있습니다.
타인과 하나 되려는 마음을 포기하지 마십시오.

아름다웠던 사랑의 추억을 잊지 못하고 있습니다

어떤 사람이 고등학교 3학년 여름방학 때 겪은 일이다. 그는 설악산 등반을 마치고 해수욕장으로 가는 버스를 친구들과 함께 탔다. 딴 머리에 하얀 교복을 입은 눈이 왕방울만한 여학생이 첫 눈에 들어왔다. 일행은 해수욕장에 천막을 쳤고, 그날 밤 그는 그 지역 토박이인 여학생과 소나무 아래서 데이트를 즐겼다. 그야말로 별이 쏟아지는 해변의 밤이었다. 파도가 백사장에 부딪치는 소리를 들으며 그와 그녀는 설레는 마음으로 별과 달 같은 순수한 이야기를 밤늦도록 나누었다.

여행을 마치고 귀가해서 별과 달 같은 이야기의 2편은 편지로 주고받았다. 한 번은 그녀가 우리 이야기가 너무 비현실적이라고 편지에 적었다. 그런 것과 전혀 상관없이, 그때 그들은 그냥 서로 좋았다. 그녀가 고등학교 3학년일 때 별과 달 같은 이야기의 3편을 나누기 위해 그는 그녀가 사는 지역으로 찾아갔다.

1년 전의 로망은 사라졌고, 3편은 시작도 못하고 중단됐다. 그녀는 어머니가 아파 병원에 입원하셔서 자기가 집안의 내무부장관 역할을 한다, 오빠는 서울로 가서 공무원 시험 준비를 하는데 대학 입시를 준비해야 하는지 고민하고 있다, 나 역시 진로 문제로 고민하고 있다, 아버지가 새로운 일을 앞두고 고민하신다, 이런 종류의 이야기를 했는데, 그의 머리 안에서 총총히 빛나던 별과 달은 빛을 바랬다. 그는 실망했고, 그녀 역시 자신의 힘든 사정을 공감해주지 못하는 그에게 실망했다. 헤어진 후에, 그들 사이에 더 이상의 편지 왕래는 없었다.

그는 지금도 그 추억을 가끔 떠올린다. 그는 본인이 원하는 이상적인 것들을 그녀에게 투사해놓고, 그녀의 진짜 모습하고는 별개의 모습을 사랑했던 것이다. 그녀도 그랬을 것이다. 그에게 그 경험은 소중한 사랑의 학습이었다. 참된 사랑은 환상이 지나간 후에야 시작된다. 참된 사랑은 하늘의 별과 달이 되는 것이 아니라, 허름한 장독대에서 된장이 발효되는 구수한 냄새를 맛보는 것이다. 그들은 무의식적으로 서로에게 그런 존재가 못될 것 같아서 안녕한 것이다.

마음이 말했다. "사랑은 환상에서 시작하고 환멸의 터널을 지나 미운 정과 고운정으로 엮이는 것이다."

 아름다움은 아름다움으로 남겨 놓으십시오.

서로의 모습을 있는 그대로 받아들일 수 있는

진짜 사랑을 만나시기 바랍니다.

최선의 사랑은 그의 소리를 인정하는 것이다

숲속에 사는 꾀꼬리는 딱따구리에게 너는 왜 둔탁한 소리를 내냐고 뭐라 하지 않는다. 딱따구리 역시 꾀꼬리에게 너는 왜 공주병에 걸린 소리를 내냐고 뭐라 하지 않는다. 숲속의 화음은 서로 다른 소리들이 모여서 만들어진다.

인생은 자기 수양하여 제 소리 하나 내면서 살기에도 바쁘다. 철든 나이가 되어서도 남들 비판하는 소리만 남발한다면, 그는 아직 자기 소리를 찾지 못한 것이다. 나는 그런 사람들을 보면 불편한 감정이 생긴다. 그러자 마음이 말했다. "그도 자기 소리를 내고 있는 거다."

내가 고개를 가로로 흔들자 마음은 또 말했다. "최선의 사랑은 모든 사람이 각자의 소리를 내고 있다는 것을 인정하고, 그 노래가 더 아름다워질 것을 믿고 기다려주는 것이다."

도와달라는 사람들을 도와야 할지 고민됩니다

소나기가 내리기 시작할 즈음에 나의 심리클리닉 문에서 노크 소리가 났다. 잡상인 같아 반응을 안 하려다, 이상하게 마음이 움직여 문을 열었다. 50대 초반의 남성이 가방 하나 들고 초조한 음성으로 말했다.

"저는 일용직 근로자입니다. 오늘 노가다 하러 나왔다가 비가 와서 철수했습니다. 제가 선생님 승용차를 세차해 드리겠습니다. 라면 값이라도 좀 주시겠습니까?" 나는 이 사람이 소주 값이라도 받아가려는 알코올 중독자가 아닌가, 하는 생각도 했지만 이상하게 마음이 끌려 주머니를 뒤져 손에 잡히는 지폐를 한 장 드렸다. 세차는 필요 없다고 하자, 그는 허리를 90도 숙이고는 황급히 사라졌다.

나는 이것저것 따질 것도 없이 마음의 움직임에 따랐다. 마음의 움직임은 말 그대로 '마음대로'다. '마음대로'가 현명한 결정일 때가 참 많다. 얼마 쥐어준 것이 큰 자선이라고 생각하는 것은 아니다. 선뜻 결정할 수 없는 상황에서, 사랑이 동기가 되어 마음이 움직이면 그대로 따라가라. 마음이 동한 일은 마음이 책임진다.

그가 알코올 중독자든 일용 노동자든 그것은 그의 몫이다. 마음과 마음이 서로 닿으면 사랑을 나눈다. 언젠가 다른 차원의 세상으로 간다면 우리는 지금의 호의를 기억할 것이다. 그렇다면 그 걸인은 또 다른 내가 아니겠는가?

 복잡한 생각을 내려놓고, 그저 마음이 동하는 대로 하십시오.
사랑이 동기가 되는 행동은 당신을 배신하지 않습니다.

사랑과 담배, 둘 다 끊고 싶지만 끊기가 어렵습니다

박하향기 나는 '에쎄 아이스 담배'를 사랑하는 사람이 금연하겠다며 나를 찾아왔다. 그의 흡연은 니코틴 보충이 아니라 잃어버린 사랑을 보충하는 작은 의례였다.

그는 3년 동안 연애한 여성과 헤어졌다. 남녀관계가 사소한 것으로 불이 붙고, 다시 사소한 것으로 불이 꺼지듯이 두 사람도 그랬다. 전에는 문제도 안 되던 것이, 헤어질 연이 되면 큰 문제가 된다. 둘은 카카오톡, 페이스북, 전화와 문자까지 다 차단했다.

그녀는 에쎄 아이스 담배를 즐겨 폈다고 한다. 그는 금연자였으나, 그녀가 담배 필 때마다 함께 해준다고 한두 모금 빨곤 했다. 그럴 때마다 기침을 하고 이게 뭐냐고, 몸에도 안 좋은 것을 피냐고 금연을 권하기도 했다.

그녀와 헤어진 후, 그는 그녀가 생각날 때마다 에쎄 아이스를 몇 모금씩 빨았다. 이렇게 하던 것이 그만 그를 흡연자로 만들었다. 그는 그녀와의 추억을 잊을 수 있다면 금연도 쉬울 거라고 했다.

나는 왜 추억을 잊으려는지 물었고, 그는 지나간 것을 잊어야 새로운 것을 얻는다고 말했다. 나는 생각이 달랐다. "옛 것이 잉태되어 새 것이 나온다." 그는 그녀와의 추억을 계속 간직하고 있는 한 몸에 안 좋은 흡연도 계속될 거라고 했다. 나는 물었다. "추억도 가끔 되새김질 하고, 그것으로 부족하면 담배도 피우는 것이 당신 인생에 얼마만큼 손실을 가져옵니까?" 사랑의 추억은 시간이 지나야 사라지고, 그때는 담배 끊기가 훨씬 수월할 것이다. 지금 두 가지를 다 끊으면 그는 우울증 약을 먹어야 할 것 같다. 우울증보다는 차라리 이 두 가지가 낭만적이다.

담배를 백해무익하다고 한다. 그런데 사람들이 왜 필까? 마음이 말했다. "사람들이 즐기는 것은 항상 백해무익하지만은 않다." 담배가 몸에 나쁜 것은 사실이지만, 담배는 곤한 심신을 니코틴으로 달랜다. 괴롭거나 답답하면 담배를 더 많이 핀다.

금연했다가 다시 힘든 일이 생기면 흡연을 반복하면서 자신의 의지 없음을 탓하는 사람이 있었다. 나는 그에게 차라리 편하게 피는 게 당신을 행복하게 해줄 것이라고 말했다. 인간은 몸을 가지고 사는 존재니 몸도 달램을 받아야 한다. 담배로 일부 장기의 기능이 떨어졌다고 해도, 담배로 고단한 삶을 위로받았다면 손해만은 아니다.

애연가인 유명 연예인이 폐암에 걸려 금연 홍보대사 역할을 하다가 세상을 떠난 적이 있다. 자기는 마음껏 피고 즐겼으면서, 생명이 조금 단축됐다고 금연을 외친 일이 과연 옳을까? 금연하고 조금 더 오래 산 것이 복일까? 선택은 자유다.

 우리의 고단한 삶은 어떻게든 위로를 필요로 합니다.
애써 끊으려 해도 끊을 수 없다면
그것이 주는 유익과 기쁨을 기꺼이 맞이하십시오.

제 바닥을 볼 때마다 절망이 휘몰아칩니다

한 후배가 내게 물었다. "사람은 왜 자기학대를 하며 사나요?" 나는 답변했다. "사람이니까. 모든 사람들은 다 자기학대를 하고 살아. 사람마다 양의 차이는 조금씩 있겠지만, 알고 보면 그것도 도토리 키 재기지."

나는 한 마디 더 했다. "SNS에서 자기 자랑 늘어놓는 사람들, 그들도 남몰래 자기학대(우울, 외로움, 공허, 절망, 자기비난 등) 하면서 살아. 하지만 자기비하는 자기를 상승시켜 가슴이 뛰는 즐거운 일도 만들어. 자기비하가 없으면 자기상승도 없는 셈이지."

공동체의 결속력 강화를 위해 자기비하의 일종인 '겸손'은 늘 좋은 덕목이 되고 있다. 그러나 강박적 겸손은 자신을 해치는 흉악범이다. 요즘은 상처 입은 사람들이 많아서인지 '너는 너로서 괜찮아', '너는 잘하고 있어', '너는 유일한 존재야', '너는 옳다' 등 일종의 자기사랑이 유행하고 있다. 자기비하와 자기사랑, 이 둘을 분리시킬 수 없다. 사람은 자기비하만 할 수 없듯이 자기사랑만 할 수도 없다.

하나는 버리고 하나는 취하려 하다가 마음의 갈등과 분열만 자초한다. 자기비하와 자기사랑은 같은 선상에 있고, 서로 순환관계에 있다. 마음이 말했다. "자기비하의 바닥까지 내려갔다 올라와야 진정한 자기사랑을 한다. 자기사랑의 극치에 이르지 못했다면 거기서 내려오는 겸손이 무엇인지 어떻게 알 수 있겠는가?"

 '자기비하'의 밑바닥에서 겸손의 미덕을 깨달았다면,

이제 '자기사랑'으로 올라올 일만 남았습니다.

상처 입은 내가 남들의 상처를 치유할 수 있을까요

타인과 깊이 공감할 수 있는 능력은 어느 정도 타고난다. 만일 당신이 그런 능력이 있다면 직업으로서 심리상담사를 선택해도 좋다. 당신은 사람들의 상처를 싸매줄 수 있다. 그러나 공감만으로는 '마음치유자'가 못 된다. 마음치유는 이상심리증상을 제거하는 대증요법이 아니라, 사고와 가치를 바꾸어 심리갈등을 통합해내는 접근법이다.

마음치유자가 되려면 공감 말고 한 가지가 더 있어야 한다. 그는 할 수 있는 한 인간의 깊은 아픔을 직접 경험해야 하는데, 마음치유자가 되기로 한 사람에게는 그런 일들이 운명처럼 일어난다. "나도 과거에는 우울증을 앓아봤고, 강박증으로 병원에 입원도 해봤어." 이런 간단한 내놓기 식의 이력을 말하는 것이 아니다. 마음치유자는 매일매일 스스로의 아픔과 치유 사이를 넘나든다.

《탈무드》에서 치유자는 성문 밖에서 자기 상처에 감은 거즈를 풀어 타인이 상처를 싸매주는 사람으로 묘사된다. 상처 입은 치유자라야 진정한 치유자라는 것이다. 마음은 나에게 또 다른 깨달음을 주었다.

"그렇다고 내 아픔으로 타인의 아픔을 치유한다고 생각하지 말라. 치료의 주체와 객체는 따로 있지 않다. 진정한 치유는 내 아픔과 타인의 아픔이 사랑 안에서 만나면서 서로 치유한다. 치료는 사랑의 결과다."

요즘 심리상담사 공급도 많고, 심리상담 수요도 많아졌다. 심리를 상담해 주는 일도 경쟁이 심해지다 보니 뛰어난 기술을 보여주겠다며 내담자를 무슨 고장 난 기계처럼 여기고, 전문성을 빙자하여 일반화된 치료 매뉴얼에 내담자를 가두려는 풍조가 유행하고 있다. 국내 굴지의 상담 관련 학회가 단기 상담을 통해 이런 식의 교육을 진행하는 것은 스스로의 격을 낮추는 일이다.

　내담자는 고장 난 기계가 아니고, 심리상담사는 기계정비사가 아니다. 일시적 증상 소거가 목적이라면 그런 방법이 말 그대로 '일시적인' 효과는 거두겠지만, 그것이 정석인 것처럼 떠드는 일은 없었으면 좋겠다.

　진정한 치유는 내담자만의 잠재력을 끌어내주는 것이다. 이를 위해 치유자의 아픔과 내담자의 아픔이 사랑 안에서 만나야 한다. 이것이 오랜 역사와 전통을 지닌 '탈무드의 치유자상'이다. 마음이 말했다. "사랑의 나눔이 있는 곳이 심리클리닉이고, 사랑을 나누는 사람이 바로 마음치유자다."

 '상처 입은 치유자'야말로 가장 적합한 심리치료사입니다.
자신의 아픔과 타인의 아픔이 만날 수 있다면,
마음은 내담자와 상담자 모두를 변화시킬 것입니다.

이웃사랑은 자기사랑이다

"이웃을 네 몸과 같이 사랑하라."

인간에게는 이기적인 본성이 있다. '이웃도 나의 일부'라는 이해가 있어야만 이웃사랑이 실천 가능하다. '이웃사랑은 곧 나를 사랑하는 것'이라는 하나의 세계관이 있어야 사랑도 지속성이 있다.

"원수를 사랑하라."

이 역시 원수가 나의 일부라는 이해가 있어야만 실천이 가능하다. 원수 사랑은 나의 가장 어두운 부분을 사랑하는 것으로, 신의 사랑에 이르게 한다.

신의 이름으로 원수를 처단하는 일은, 자신과 신을 처단하는 피학대증자들이나 하는 짓이다. 프로이트는 피학대증도 인간의 파괴적인 본성이라 했다. 그러나 사랑은 본성을 이긴다.

참된 사랑은 이해가 발판이 되어야 한다. 그렇다면 참된 사랑의 구체적인 방법은 무엇인가? 마음이 말했다. "그것은 구체적인 이해에서 나온다."

그 사람을 보면 애증의 감정이 일어나 괴롭습니다

중학교 3학년인 아들이 사춘기 반항의 절정에 이르자, 이래서 자식을 원수라고 한다며 한숨을 길게 몰아쉬는 엄마가 있었다. 청소년들의 무의식에는 그들의 부모를 분리해 내려는 부모살해의 욕망이 상징적으로 있다고, 나는 그녀에게 말했다. 엄마는 내 말에 전적으로 동감한다며 나도 자식을 죽이고 싶은 상징적 욕망이 있다고 말했다. 그것 역시 엄마가 아들을 분리해내려는 내적 작업이다. 솔직한 엄마였다.

한참 침묵이 지난 후에, 엄마는 말했다. "왜, 원수를 사랑하라고 하잖아요. 원수 사랑이 진짜 사랑이에요. 좋아하는 사람만, 내게 좋은 것을 보이는 사람만 사랑한다면 그게 어디 진짜 사랑이겠어요. 이제 저에게는 아들을 진짜 사랑하는 일만 남았어요."

나는 말했다. "어머님의 아들도 어머니를 진짜 사랑하는 법을 배울 겁니다. 어머니가 자식이었을 때 그러셨던 것처럼 그것은 시간이 걸리는 일입니다." 마음이 말했다. "부모가 자식에게 경험하는 것을 자식도 부모에게 똑같이 경험한다. 부모와 자식이 수직적 관계가 아니라 수평적 관계로 느껴질 때 그들은 동반성장한 것이다."

 '진짜 사랑'에는 언제나 미움이 동반됩니다.
서로를 자신 안에 가두려는 생각을 줄이고,
각자의 삶을 그대로 인정하고 기다려 주십시오.

늦은 나이에 새로운 사랑이 찾아와 저를 괴롭힙니다

사랑해서는 안 되는 사람을 사랑하는 일은 시공을 초월해서 늘 있는 일이다. 일탈은 아니어도, 한 번쯤 새로운 사람을 사랑하고 싶은 욕망은 중년의 달콤한 유혹으로 찾아온다.

갓 대학을 졸업하고 한 남자에게 빠져 결혼을 한 여성이 있었다. 그녀는 40대 후반에 이르자 남편과 아이들 뒷바라지 때문에 묶어 놓았던 사랑의 감정이 용암처럼 끓어 올라왔다. 그녀가 이 감정을 누르는 방법은 독서였다. 사람들은 그녀가 탁월한 독서력을 가진 것으로 알았지만, 실은 사랑의 신병에 걸려서 마음을 다른 데로 돌리려는 방어 전략이었던 것이다.

그러다가 한 남성을 멀찍이서 알게 됐다. 그녀는 자신의 오랜 사랑의 공백을 채워줄 천사가 바로 그라는 확신이 들었다. 그녀가 그를 개별적으로 만날 수 있는 것은 아니었다. 그녀가 직접 쓴 사랑의 판타지 소설에 둘을 주연으로 만들어놨을 뿐이다. 사랑의 열병은 더 심해졌고, 열병을 퇴치하느라 운동에도 매진했다. 가족들을 보면 죄책감이 들었다. 그녀는 사랑의 감정을 어찌할 바 몰랐다.

마음이 그녀에게 물었다. "사랑의 감정을 억압할 수 있겠니?" 사랑의 감정은 자연스러운 것으로 억압한다고 되는 것이 아니다. 마음은 또 물었다. "그럼, 그 사람을 만나 네 사랑을 고백할 용기가 있니?" 그것도 아니었다. 마음은 그녀에게 말했다. "사랑의 감정은 아무 때나 원해서 오는 것이 아니야. 너에게 필요해서 온 거야. 너, 잘하고 있는 거야."

잘하고 있는 것 맞다. 마음 안에서는 자유롭게 느낄 수 있는 사랑의 흐름, 그 에너지로 독서와 운동에 전념했다. 3년 후에 그녀는 몸과 마음이 더 건강해져 있을 거다. 이처럼 욕망을 사회적으로 허용되는 에너지로 전용하는 것을 '승화'라고 한다.

사랑은 자연스러운 감정이다. 사춘기 소녀가 총각 선생님을 사랑하는 일은 금할 수 없고 멈출 수도 없다. 소녀는 사랑의 고통스러운 환상으로 자신을 성장시키고, 머지않아 사랑할 수 있는 다른 사람을 만날 것이다. 중년의 나이에 겪는 사랑의 감정은 자기성장의 든든한 밑천이다. 사랑의 통로를 억압하지 말라. 사랑은 사람이 쓸 수 있는 에너지 중에 가장 강하다. 사람들이 어느 한 분야에 두각을 나타내는 것은 그것과 사랑에 빠져야만 가능한 일이다.

 지금 자신에게 필요한 감정을 억지로 억압하지 마십시오.
오히려 몸과 마음을 더욱 건강하게 가꾸는
에너지로 활용해보십시오.

이루어질 수 없는 사랑에 빠져버렸습니다

한 여성이 직장 상사인 유부남을 사랑했다. 마음속에서는 "이런 남성이라면 연애 한 번 해보고 싶다"라고 했다. 혼자만 짝사랑하기를 3년, 사랑은 감출 수 없었다. 공식적·비공식적 대화를 통해 상사는 이 여성의 마음을 알아차렸다. 상사의 마음도 동요됐다. 그러다가 여성은 타 지역으로 전근을 요청했다.

한밤중에 그녀는 차를 몰고 동해로 달렸다. 그날따라 높은 파도가 치는 동해를 바라보고 강소주를 마시면서 울부짖었다. 그렇게 미친 사람처럼 해변을 두 시간 쏘다니다 보니 사랑의 강한 불길이 잔잔한 우정의 숯불로 바뀌는 것 같은 느낌이 들었다. 그게 차라리 좋았다.

사랑의 불길이 타오를 때, 활활 타오르도록 내버려둬라. 그것은 잠시다. 타오를 만하니까 타오르는 것이고 때가 되면 타오르고 싶어도 타오르지 못한다. 그 격정의 불길은 숯불이 되고, 숯불은 잔잔한 파도와 같은 것이 되어 당신이 세상을 보는 지평을 넓힌다. 그런 후에야 마음은 하고 싶었던 말을 편하게 한다.

"사랑에 욕망이 빠지면 우정이 남아. 사랑은 욕망 때문에 헤어져도 우정은 헤어지지 않아."

"그럼 우정이 사랑보다 더 좋은 건가요?"

"너는 또 이분법에 빠지는구나. 사랑의 결정판은 우정이야."

 사랑이라는 강한 불길이 잔잔한 우정의 숯불로 바뀔 때까지,
감정을 마음껏 쏟아내십시오. 사랑의 결정판은 '우정'입니다.

특별한 사람과의 특별한 로맨스를 꿈꾸고 있습니다

오랫동안 사랑을 꿈꿔온 40대 여성이 있었다. 그녀는 아직도 신랑감을 물색 중이다. 결혼이 늦어진 이유는, 사랑에는 인간적 욕망이 없어야 하는데 자신이 만난 남성들은 다 욕망 아래 있는 사람이었기 때문이다.

참 딱한 일이다. 그녀는 신하고나 결혼할 사람이다. 그녀는 진짜 신을 남편으로 모시고 살 팔자인지도 모른다는 엉뚱한 생각을 한 적도 있다. 그렇다고 그녀가 신의 아내가 될 사람답게 선한 마음을 가지고 있는 것은 아니다. 단지 생각으로만 자기애성 상상을 즐기고 있다.

그녀는 자신이 등 뒤로 숨겨둔 인간적 욕망이 무엇인지를 깨달을 필요가 있다. 순결을 사모한다고 하여 순결한 삶을 사는 것은 아니다. 인간은 육으로 존재하는 한 육의 지배를 받고 있고 그것은 너무나 자연스럽다. 그녀는 이런 사실을 알아야 자기만 쓰고 읽는 자작 러브스토리에서 빠져나올 수 있다.

자칭 신의 아내가 될 사람이 인간적 욕망 아래 있다는 것을 어떻게 깨달을 수 있을까? 40년 넘게 남신을 찾아다닌 사람에게 남신의 파트너가 될 사람이 아니라는 것을 어떻게 알려줄까? 나는 마음속에서 떠오르는 소리에 확신을 가지고 그녀가 들을 수 있도록 말했다. "신의 아내가 될 사람은 신들의 세계에나 가서 남편감을 구해야 할 걸……."

그녀는 얼굴을 붉혔고, 인상은 몹시 찌그러졌다. 그리고 서서히 펴지더니 고개를 숙여 생각에 잠겼다. 그녀가 생각해낸 것들은 적어도 하룻밤을 넘겨야 그녀의 의지가 될 것이다. 의지가 되기 전에 말로만 표현하는 것은 울리는 꽹과리에 불과하다. 나는 그녀가 말하기 전에 얼른 그 자리를 떠났다. 다음날 그녀는 내게 휴대폰 문자를 보냈다.

"시속 160킬로미터 돌직구는 매우 인상적이었습니다. 그 돌이 제 자존심만 구멍 낸 줄 알았는데, 제 아성을 허물었습니다. 바깥으로 나온 기분이고, 바깥은 생각보다 사랑하기에 좋은 곳이었습니다."

마음이 말했다. "그래도 지구라는 별이 사랑하기에 가장 좋은 곳이라는 점은 지구를 떠난 뒤에야 보다 확실히 알게 될 것이다."

 머릿속에서만 꿈꾸던 사랑으로부터 나오십시오.

그리고 지상에 있는 것들의 고유한 아름다움을 느끼십시오.

사랑의 열쇠는 거기에 있습니다.

어렸을 적 상처 때문에 사랑을 포기해버렸습니다

독신주의자 여성이 있다. 그녀는 직장에서 짬짬이 아이돌그룹 팬 카페
에 들어가 글을 올리거나 댓글 다는 것을 즐긴다. 직장 동료들은 이 점
을 이상하게 봤으나, 10대 소녀 같이 순수해서 그렇다고 믿어줬다.

사실 그녀는 10대 소녀의 성적 발달단계에 고착되어 있었다. 순수한
것이 아니라 덜 성장한 것이다. 그녀는 청소년기에 성폭행을 당한 후
로 남성에 대한 관점이 확 바뀌었다. 그때 받은 상처를 보호하려는 지
나친 방어 전략으로 세상의 모든 남성들을 도둑으로 몰고 갔다. 그리
고 자신은 성폭행 당하기 전 10대 소녀의 순결을 유지한 채로 살고 싶
었으나, 결국 자신이 만든 감옥에 스스로 갇힌 상태가 되고 만 것이다.

그녀의 감옥은 그녀에게 안전한 곳이다. 그녀는 이미 그녀의 집에서
안전하게 사는 방법을 익혔을 거다. 오랫동안 걸어 잠근 사랑의 문을
어떻게 그녀 스스로 열고 나오게 할 것인가? 마음에서 떠오르는 소리
가 있었다.

"사랑하지 못하는 사람에게 사랑을 강요하지 않고 보류하게 하는 것
도 사랑이다. 사랑은 스스로 터득하지 않는 한 누가 대신 만들어줄 수
없다. 누구나 때가 되면 자기만큼의 사랑을 배우고 실행에 옮긴다. 사
랑은 있는 그대로 존중해주기에 절대 서두르지 않는다."

 마음이 원하지 않는다면, 잠시 보류해두는 것도 사랑입니다.
서두르거나 애쓰기보다 기다리며 자신과 대화하십시오.
굳게 닫힌 사랑의 문을 여는 것은 본인에게 달려 있습니다.

사랑에 빠졌던 사람에게 자꾸 실망하게 됩니다

한 남성이 한 여성에게 첫눈에 반했다. 남성의 무의식에 있던 이상적인 여성상이 그녀와는 상관없이 그녀에게 투사된 것이다. 여성도 그 남성에게 첫눈에 반했다. 여성의 무의식에 있던 이상적 남성상이 그와는 상관없이 그에게 투사된 것이다. 이렇게 해서 둘은 사랑에 빠진다. 사랑에 빠진 것은 빠져 있는 것일 뿐, 사랑'하는' 것은 아니다. 빠졌다면 빠져나올 때가 있다. 빠지는 것을 사랑인 줄 알고 결혼해서도 그런 찰나의 사랑을 그리워하는 사람들이 적지 않다.

이상적인 남성상 혹은 여성상 이면에는 그와 반대되는 것으로 본인은 물론 타인도 원하지 않는 상들이 있다. 사랑에 빠진 후에는 서로 상대에게 '원하지 않는 상'을 투사하며 미워하고 심하면 증오까지 하면서 '빠진 사랑'에서 나와 '진짜 사랑'을 할 준비를 한다. 이때가 바로 사랑의 출발점에 있는 것이다.

나는 상대의 원하는 상과 원하지 않는 상 모두를 사랑할 준비가 되어 있는가. 상대도 그러한가. 그렇다면 둘은 사랑의 열차를 함께 탈 것이다. 사랑의 열차는 목적지까지 금방 도착하는 급행열차가 아니라 완행열차다. 장시간 기차여행을 하면 기차 안에서 별별 것을 다 본다. 코 골고, 말다툼하고, 싸우고, 냄새 나고, 지루해서 미치겠고, 다른 승객들 때문에 짜증도 난다. 가다 서다를 반복하며 차창 밖에 있는 것들도 다 보인다. 아무리 좋은 풍경도 자주 보거나 가까이서 보면 좋지 않은 모습이 있게 마련이다. 이때의 사랑은 완행열차에서 무르익어 가는 중이다.

사랑에 실망했다면, 그것은 상대가 아니라 당신 자신에게 실망한 것이다. 다시 사랑하는 방법은 잘 갖춘 급행열차에서 내려 구질구질한 완행열차로 갈아타는 것이다. 완행열차에서는 보다 본격적인 사랑의 여행을 기대해도 좋다. 마음이 말했다.

　"사랑은 빠지는 것이 아니고 하는 것이다. 사랑은 하는 것이 아니고 배우는 것이다. 사랑은 배우는 것이 아니고 받아들이는 것이다. 사랑은 받아들이는 것이 아니고 스스로 사랑이 되는 것이다."

　"그만!" 나는 마음의 소리를 멈춰 세웠다.

 '사랑의 콩깍지'는 '콩깍지'일 뿐입니다.

　콩깍지가 떨어졌다고 해서 사랑이 아닐 수는 없습니다.

　사랑에 빠지는 것에서 나와 '진짜 사랑'을 배우십시오.

8장

위기
Crisis

**마음의 성장을 위한
최고의 기회**

단 한 번의 실수로 세상의 낙오자가 되었습니다

그는 어쩌다 신용불량자가 됐다, 라고 해야 맞다. 누구보다도 많은 노력을 했지만, 단 한 번의 과오가 그의 공을 덮쳤다.

대출로 대출을 돌려 막으면서, 나중에는 은행돈이 다 나의 잔인한 공돈처럼 보였다고 했다. 어차피 못 갚는 것이라 여기다 보니 묘한 카타르시스가 왔다. 걱정은 많지만, 이제 남은 것은 운명의 여신에게 맡기는 것뿐이다. 지난 20년 동안 사업하면서, 처음으로 홀가분했다. "내일 일은 내일에 맡긴다." 그는 이 명언을 실천 안 할 수 없는 상태에 이르렀다. 그래도 여전히 불안하고 두렵기는 하다.

그의 마음은 모험의 길에 들어선 그에게 이렇게 화두를 날렸다. "너는 신용불량자가 되기 위해 태어난 거야. 그것의 총체적 책임은 내가 진다." 인생에서 경험할 것은 다 경험할수록 좋지만, 신용불량자는 잔인한 경험이다. 그러나 어쩌겠는가. 올 것이 왔으니.

하늘은 실력 있는 사람에게 어려운 일을 맡겨 그를 성장시킨다. 세상에 일어나면 안 되는 일이란 없는 법이다. 지금의 불안과 두려움도 시간이 지나면 무뎌지고, 적응하고 사는 방법은 그때그때 다 생긴다. 마음이 말했다. "위기라고 생각이 들 때는 다른 무엇보다도 조급증을 조심하라. 위기는 천천히 오래 지속되며 당신의 길을 안내한다는 점을 명심하라."

 실수가 아니라 단지 일어나야 할 일이 일어났을 뿐입니다.
위기 앞에서는 길게 보고 오래 대처하는 것이 마음의 지혜입니다.

직장에서 해고당하고, 먹고살 길이 막막합니다

40대 후반의 직장인이 2주째 정신 나간 사람처럼 살고 있다. 20년 동안 다니던 직장에서 정리해고 통보를 받은 것이다. "지금 나가면 어떻게 하라고. 두 명의 아이들은 아직 대학도 안 갔는데!" 그는 자기보다 1년 일찍 해고된 분이 결국에는 아내와 이혼하고 택배기사를 하다가 지금은 막노동판에 나간다는 말을 들었다.

밤새 침대에서 몸을 뒤척이다가 아침에 일어나면 가슴이 답답해진다. 그 기분으로 회사에 나가면 업무에 집중이 안 되고, 밥 먹는 일은 돌을 씹는 것 같다. "저 지금 어머니 모시고 살고 있어요. 아이들 교육시키느라 모은 돈도 없어요. 물려받을 유산도 없어요. 저를 생각해주는 사람은 사직서 내지 말고 무조건 버티라는데, 그것도 한계가 있어요."

나도 가슴이 답답해졌다. 처음에는 "당신 어떡해?" 하다가 그만 "나 어떡해?"가 되고 말았다. 감정이입이 된 것이다. 우린 잠시 말을 잇지 못하고 침묵 중에 있었다.

그때 마음속에서 떠오르는 소리가 있었다. "너무 걱정하지 마. 살아 있는 것은 다 살게 마련이야." 그와 마음이 통했던지, 그는 의자에서 벌떡 일어나며 말했다. "그래도 다 살게 마련이겠죠. 걱정하지 않겠습니다."

정신분석심리상담은 치료자와 내담자의 무의식적 소통을 중요하게 여긴다. 그것은 말없이 전달되고 강한 힘을 가진다.

 "살아 있는 것은 다 살게 마련"이라는 마음의 소리를
똑같은 아픔을 겪는 사람들과 함께 깊이 묵상하십시오.

각종 중독으로부터 빠져나오기가 정말 힘듭니다

약물 한 대 맞아야 제정신으로 돌아온다는 사람의 긴 이야기를 들었다. 알코올 중독으로 자기는 물론 가족의 삶도 엉망진창이 돼가고 있는데 술에서 벗어나지 못한다는 사람의 고달픈 이야기를 들었다. 나는 그의 동행자가 돼주고 싶다는 생각이 들었다.

말은 이렇게 하지만 사실 낭만적 감정이입일 뿐이다. 중독의 실상은 본인과 가족 모두에게 고통스럽다. 그런데 그 나쁜 중독물질은 사실 사람을 위해서 만들어진 것이다. 왜? 외로움을 달래주기 위해서다.

카를 융도 언급한 바 있듯이 몸은 자아의 집과 같은 곳이다. 자아는 몸의 한계에 갇혀서 외롭다. 자아의 집인 몸을 달래면 외로움도 없어질 것 같고 실제로도 그런 효과가 있기 때문에 사람들은 여러 방법을 사용한다. 커피의 카페인은 뇌를 자극해 위로하고, 운동은 몸을 단련시켜 외로움을 유쾌함으로 바꾸고, 술은 몸에 생화학 반응을 일으켜 외로움을 달랜다. 다 외로움을 어떻게든 달래보겠다고 생긴 건데, 몸에 자극을 주는 그 자체가 목적이 되면 중독에 걸린다. 마음이 말했다.

"외로움이야말로 영혼의 친구다. 이해할 수 없다고 하겠지만, 사람은 외로움 때문에 살도록 세팅된 존재다. 외로움을 달래는 것은 좋은데, 아예 없애려는 노력은 헛된 짓이다."

 중독은 외로움을 완전히 없애려 하는 데서 생겨납니다.

외로움을 친구로 삼아 주십시오.

생각보다 괜찮은 친구가 될 수 있습니다.

감기에 걸려서 차라리 다행이다

달은 태양빛을 받아 지구를 비춘다. 지구에서 보는 달이 보름달이면, 지구 맞은편의 달은 빛이 하나도 없는 삭이다. 지구에서 반달이면, 지구 맞은편의 달도 반달이다. 지구에서의 달이 삭이면, 지구 맞은편의 달은 보름달이다.

동양에서 보름달은 채움을 의미하기에 행운, 소원성취, 풍성한 수확 등을 상징한다. 반면 서양에서는 악령이 밤을 지배한다고 보았고, 밤의 요정과 같은 보름달을 불운의 상징으로 보았다.

달의 모양은 하루도 빠짐 없이 계속 바뀐다. 인생도 행운과 불운이 그 양을 달리하며 계속 순환하는 것임을 달이 보여준다. 이 순환에 부조화가 발생하면 태양계가 감기에 걸린다. 인생도 행운과 불운이 순환하지 않으면 감기에 걸린다. 환절기에 감기가 잘 걸리는 이유는 갑작스러운 기온차로 음기와 양기의 순환에 문제가 생겼기 때문이다. 감기는 더 나쁜 병에 걸리지 않게 하려는 경고등으로, 시간이 지나면 꺼진다.

생을 마칠 때까지 행복과 불행의 수레바퀴는 계속 돌아간다. 살다 보면 감기에도 걸리듯 이 조화가 잠깐 깨져 인생의 감기가 올 때도 있다. 그것도 모르고 더 앞으로 나가다가는 인생의 합병증에 걸린다. 마음이 말했다. "감기에 걸려서 차라리 다행이다. 잠깐 쉬었다 가라."

미래를 생각하면 머리가 터질 것만 같습니다

그는 해외유학까지 가서 학위를 받았으나, 귀국해서는 떠돌이 강사생활만 6년째다. 곧 있으면 아이들이 초등학교에 갈 것이고, 그때부터는 적지 않은 교육비가 들어갈 것이다. 그동안은 전임교수에 대한 희망이 있어 착실히 연구실적도 쌓았고 인간관계에도 신경을 써왔다.

　나이 마흔을 넘기자 희망은 사라지고 우울한 날은 많아지고 아내에게는 더 미안하다. 커가는 아이들을 보면 기쁘지만은 않다. 어느 날, 그의 어머니가 시간 나면 밥 한 끼 하자고 그를 불렀다. 오랜만에 엄마와 함께 둘이 먹어보는 집밥이었다. 식사를 다 마치자 엄마가 물었다. "요즘 어떻게 지내니?" 아들은 대답했다. "먹먹해요." 엄마는 생각에 잠기듯 잠깐 고개를 숙였다. 그리고 고개를 들고 또렷한 목소리로 말했다. "편하게 살아. 때가 되면 잘 풀릴 거야."

　어디서 많이 듣던 말이었다. 힘들 때마다 그가 자신을 위로해주던 말이었다. 삶이 편하지 않고 일이 잘 풀리지 않을 때마다, 비록 잘 들리지는 않았지만 그의 마음 깊은 곳에서 떠오르는 소리였다. 마음속의 말을 엄마가 대신 해주니 아들은 눈시울이 뜨거워졌다. 내 마음은 곧 엄마의 마음이다. 모든 사람은 마음으로 통한다.

　"편하게 살아. 때가 되면 잘 풀릴 거야."

　지금 위기라고 생각하는 사람들에게 정언명령이다.

 인생을 단순하게 풀어가는 다음의 정언명령을 따르십시오.

"마음 편하게 먹은 대로 된다."

부부가 점점 각자 다른 길로 가고 있습니다

요즘도 아주 가끔 돈벼락 맞는 사람이 있다. 벼락은 대기의 조건이 갖추어지면 무조건 친다. 치지 말라고 해도 친다. 벼락부자도 어느 날 갑자기 되는 것이 아니라, 벼락 맞을 조건을 갖추었을 때 된다.

그들 부부는 가난하게 신혼생활을 시작했다. 억척같은 부부는 허리띠 졸라매어 한 푼 두 푼 모아 지방 중소도시에서 대출금 끼고 작은 아파트 한 채를 마련했다. 그러면서 부부의 결속력은 강화됐다. 성실과 열의가 생활 신조였던 남편, 어쩌다 개발한 상품이 시장에 먹혀서 몇 년 만에 벼락부자가 되었다.

남편은 인간관계가 넓어졌다. 해외출장이 잦아졌다. 술 대접해야 할 비즈니스 대상들이 많아졌다. 주말이면 비즈니스 관계로 더 바쁘다고 했다. 남편은 돌이킬 수 없는 자기만의 길을 가고 있었고, 그 길에 아내가 낄 자리는 없었다. 지위가 올라간 남편과는 달리 아내는 혼자라는 생각에 외로웠다.

시간이 흘러도 좁혀지지 않는 남편과 아내의 간격, 아내는 그 간격을 미움과 막연한 기대로 채웠다. 미움과 막연한 기대는 사람의 마음을 서서히 먹어 들어가는 '좀'이다. 당신이라면 어떻게 하겠는가? 해결하기 어려운 일이 생겼다면 지금 의식적으로 사용하고 있는 자원의 무의식적 자원을 활용하라. 미움과 막연한 기대의 무의식적 자원은 사랑과 실천이다. 부인은 나라도 남편 사랑을 실천하면 되겠지 했으나 그래야 개선되는 것은 없었다. 부부는 다른 시계를 차고 있어 각자의 시간은 따로 가고 있었다. 그때 마음에서 떠오르는 소리가 있었다. "에너지가 바뀌었으면 대상도 바꿔라."

그녀는 새로운 대상인 늦공부를 찾았다. 공부를 사랑하고 실천하니 사는 재미가 생겼다. 남편에 대한 미움과 막연한 기대로 갈 에너지가 공부로 방향 전환을 한 것이다. 아내의 삶이 새롭게 열리기 시작했다. 그렇다고 남편이 변한 것은 아니지만, 아내의 삶에 목표가 생기니 남편을 너그럽게 보는 여유가 생겼다. 사람은 자기 일이 생겼을 때 타인도 너그럽게 본다. 부부 및 가족관계도 그러하다.

장수시대에는 부부라고 항상 함께 갈 것이라 기대하지 말라. '부부는 일심동체'라는 말은 이제는 박물관으로 보내야 할 유물이다. 부부의 위기는 이심이체로 각자의 일을 찾음으로 해결되는 경우가 많아졌다. '부부는 일심동체'는 유교 문화권에서 아내를 통제하기 위해 나온 남자의 변이다. 이심이체라고 부부가 아닌 것이 아니고, 정서적으로 단절된 것도 아니다. 거기서 만들어진 교집합이 부부관계를 더욱 돈독히 한다. 새로운 시대에는 새로운 부부상이 마련되어야 한다.

 부부가 똑같은 활동을 할 필요가 없어진 시대입니다.
누가 누구에게 맞추거나 종속될 필요도 없습니다.
새로운 시대에 맞게 부부 각자의 삶을 누리십시오.

저에게만 계속 불길한 일들이 일어납니다

이른 아침에 그녀는 주방에서 일하다가 컵을 깼다. 기분이 찝찝했다. 출근길에서 가벼운 교통사고를 냈다. "내참, 조심해서 설거지할 걸." 컵을 깼기에 교통사고가 났고, 만일 컵을 깨지 않았다면 보험할증료가 두 배나 오를 이런 일은 일어나지 않았을 거라고 생각했다.

천만의 말씀이다. 컵이 깨진 일은 교통사고에 대한 복선이다. 마땅히 일어날 교통사고를 내게 미리 준비시켜준 것이다. 인생 후반기로 갈수록 복선이 많다. 복선은 변화의 타이밍에 나타난다. 인생 후반부에는 그만큼 변화할 것이 많기 때문이다. 복선 이후에 일어난 사건은 매우 중요한 의미를 가진다.

문학에서의 복선을 분석심리학에서는 '동시성의 원리'라고 한다. 동시성의 원리는 집단무의식의 원형이 길을 몰라 주저하는 의식에게 보내는 이정표다. 이정표는 그 자체가 목적이 아니라 길을 제시하는 것이 목적이다.

컵이 깨져서 교통사고가 난 것이 아니다. 컵 깨지는 일은 어차피 일어날 교통사고에 대한 예고다. 그녀는 요즘 새로운 상황에 처했고, 스트레스 받기 싫어서 예전의 방식대로 일을 처리해 나가려고 했다. 그러한 태도는 오히려 일에 방해가 됐고, 새로운 시도나 모험을 거부하는 심리 상태로 나타났다. 컵 깨지는 일에 이어 일어난 교통사고는 그녀의 진부한 태도를 경고한 것이다. 그녀는 최근에 일어난 상황을 진지하게 받아들이고 새롭게 대처해야 한다.

사람들은 원하지 않는 나쁜 일이 일어나면 운이 없었던 일로 넘기지만, 그런 일일수록 더 강한 인생의 이정표가 될 수 있다. 방향만 맞으면 누구나 목표한 곳에 이른다. 마음이 들려줬다. "나는 복선으로도 말한다. 불운은 단지 사람들이 그렇게 생각하는 것이다. 불운은 없고, 이정표가 가리키는 방향은 있다."

 불운은 삶의 태도를 바꾸라는 신호입니다.
그동안 나의 삶에서 어떤 문제가 있었는지를 점검하고
새로운 태도를 맞이할 준비를 하십시오.

결혼을 앞두고 새로운 사랑이 찾아왔습니다

결혼을 앞둔 30대 후반의 남성에게 대학 때 사귀던 여성이 나타났고, 둘은 예전의 추억을 떠올리며 관계가 급진전하려 했다. 둘 다 도의적 갈등은 있었지만, 끌리는 감정을 통제하기란 어려웠다. 그러던 중에 남성이 꿈 꾼다.

"승용차를 타고 좁은 도로를 달리고 있는데, 맞은편 같은 차선에서 승용차 한대가 직진해 오고 있었어요. 이러다가 두 차가 충돌할 것 같아서 급히 세웠습니다. 맞은편 차도 정차할 거라 생각했는데, 그 차는 무리한 직진을 하여 제 차에 스크래치를 냈어요. 뒤를 돌아보니 제가 결혼할 사람이 안타까운 눈으로 제 차를 쳐다보고 있었습니다."

꿈은 의식이 모르는 무의식의 중요한 정보를 제공하거나, 위기의 시기에 가야 할 길을 제시한다. 남성은 이 꿈이 예사롭지 않아 자꾸 떠올렸다. 도대체 이 꿈이 어떤 의미를 담고 있는지 궁금해서 나를 찾았고, 우리는 중요한 해석에 이르렀다.

"맞은편에서 오고 있는 승용차는 갑자기 나타난 대학 때 사귄 여자친구다. 그녀는 저돌적으로 남성에게 사랑의 직진을 해온다. 그것은 중앙선 침범으로 충돌의 위험이 있다. 결국 남성의 자동차에 스크래치가 났는데, 그녀의 구애를 받으면 남성의 페르소나에 스크래치가 날 것을 예고하는 꿈이다. 뿐만 아니라 결혼하려는 여성에게도 상처를 줄 것이다. 자, 당신은 어떤 선택을 할 것인가?"

최종 선택은 본인이 한다. 지름길로 갈 것인가, 우회하여 먼 길을 돌아서 갈 것인가. 갈팡질팡 할 때 사람들은 누군가 대신 선택해주기를 원한다. 선택해준다고 그 길로 가는 것도 아니면서. 마음이 말했다. "책임도 본인이 진다."

 꿈과 무의식이 주는 경고의 메시지를 숙고해 보십시오.

선택은 본인의 몫입니다.

위기는 당신의 코스모스를 피우는 종합거름세트다

소년은 어린 시절부터 공동묘지에 가면 이상하게 마음이 편했다. 부모님 따라 장례식에 참석하면 슬프거나 아쉽거나 그립거나 했지만, 식이 다 끝나고 집으로 돌아오는 길에는 이상하게 더 편했다. 아무튼 소년은 나이에 맞지 않게 죽음을 깊이 생각했다.

그것도 복선일까. 소년은 막 사춘기에 들어서자 상주 완장을 차고 어머니의 빈소를 지켜야 했다. 조문객들은 소년의 어깨를 다독이며 용기를 잃지 말라고 격려해줬다. 소년은 3일 동안 슬픔조차 느낄 수 없이 조문객들의 많은 위로를 받았다. 장례 마지막 순서인 하관예배 때는 그동안 참았던 눈물이 한꺼번에 터져 나와 몸이 어떻게 되는 줄로 알았다.

장의차를 타고 집으로 돌아가는 길에는 코스모스가 산들산들 바람에 휘날리는 것을 차창 밖으로 하염없이 바라봤다. 어머니를 묻고 돌아오는 길은 어머니를 빼앗기고 돌아오는 길이었다. "이제는 어떻게 살지?" 감당하기 힘든 위기였다. 어린 나이에 가슴에 뚫린 깊은 구멍은 바람에 흩날리던 코스모스만 위로해줬다. 그때부터 소년은 코스모스를 사랑하게 됐다. 코스모스는 질서와 조화를 상징하는 꽃말인데, 이것도 '이후의 질서와 조화'를 알리는 복선이었을까.

소년은 청소년기와 청년 초기의 많은 시간을 치유되지 않은 공허와 사투하며 보냈다. 매일이 위기이다 싶게 힘들었지만, 그때마다 장의차 차창 밖에서 가냘프게 흔들리는 코스모스를 상상하며 희망으로 버텨냈다. 코스모스를 자

주 상상한 것뿐인데 청년 후기에 이르면서 소년의 마음에는 그 무엇과도 바꿀 수 없는 든든한 삶의 철학이 자리잡았다. 길가의 코스모스가 안으로 들어와 질서와 조화를 이룬 것이다. 그때 마음이 들려줬다. "각자의 코스모스를 꽃피우는 것이 인생의 목적이다."

소년은 중년이 되었고, 본능적으로 어린 시절에 화두로 잡았던 죽음을 다시 꺼내 들었다. 이때의 죽음은 어린 시절의 죽음과는 다른 것이다. 공자는 죽음이 무엇이냐고 묻는 제자에게, 삶도 무엇인지 모르는데 죽음을 어떻게 알 수 있느냐며 대답하지 않았다고 한다. 그러나 죽음의 문제가 해결되지 않고서 인생의 근본적 문제는 여전히 오리무중이다. 중년이 된 소년은 그 옛날 어머니의 장례식을 치르고 집으로 돌아오던 때와 비슷한 공허에 다시 빠졌다. 중년의 위기가 이렇게 왔다.

그는 죽음의 화두를 물고 늘어지면서, 그동안 눈에 들어오지 않던 책과 돌아가신 스승의 말씀이 새롭게 다가왔다. 수년의 탐구와 고뇌와 명상을 거치면서, 그에게 빛이 들어왔다. 죽음을 관통하는 빛은 삶을 관통하는 빛이 되었다. 드디어 그의 코스모스가 폈다.

질서와 조화 그리고 우주를 상징하는 코스모스는 조금만 바람이 불어도 흔들린다. 흔들리는 것이 아니라 바람과 호흡을 같이하는 것이다. 자기의 코스모스를 피워낸 사람도 그러하다. 선각자들이 들은 마음의 소리가 있다. "당신이 늘 찾던 것은 지금 여기에 있다." 마음이 말했다. "위기는 당신의 코스모스를 지금 여기서 피게 하는 종합거름세트다."

차라리 죽는 것이 낫겠다는 생각도 듭니다

요즘 자해를 하거나, 자살을 시도했던 청소년들을 만난다. 그들에게 죽음은 그냥 없어지는 것 외에 아무것도 아니다. 죽음의 고통은 5분만 견디면 그만이라고 한다. 그런데 자기처럼 자해를 하거나 자살충동을 느끼는 친구들이 적지 않아, 서로 위로가 된다고 한다.

나는 그들과 대화하면서 나이 차이가 무색할 정도로 깊은 동지애를 느낀다. 사는 게 힘든 거로 따지면 나이 차이는 문제 되지 않는다. 그럼에도 불구하고 견뎌내는 힘은 희망이 아니라, 현 상황에 대한 친숙함이다. 친숙함, 나는 이 말이 참 좋다.

위 청소년들은 나와의 대화가 친숙해질 무렵에 자해가 줄어들고, 자살충동도 없어졌다. 우린 새끼손가락으로 다짐했다. 삶이 아무리 힘들어도 거기에 친숙해지자고. 마음이 말했다. "희망은 당신이 처해 있는 상황과 친숙해질 때 생긴다. 하나의 위기를 넘기면 당신은 또 하나의 상황과 친숙해져 있을 것이다."

 삶이 아무리 힘들지라도 이를 견뎌내는 힘은
막연한 희망이 아니라 현 상황에 대한 '친숙함'입니다.
친숙함으로 위기를 넘기는 힘을 기르시기 바랍니다.

9장

우울증
Depression

**새로운 삶으로
안내하는 신호**

우울증을 어떻게 받아들여야 할까요

그의 나이는 40대 후반이다. 한 가정의 가장으로 직장생활을 열심히 했다. 종교생활도 열심히 하여 내적 삶도 가꾸어 왔다. 운동도 꾸준히 하여 나름 괜찮은 몸매를 자랑하곤 했다. 주변에서 50대에 접어들면 건강 혹은 우울증으로 삶에 적신호가 한 번쯤은 켜진다는데, 그는 그런 일이 일어나지 않을 거라 했다. 그때를 대비해 잘 준비해 왔으니까. 그렇게 노력했기 때문에, 그는 지금의 우울증을 더 받아들일 수가 없다. 그는 우울증을 삶에 심각한 문제가 생긴 것으로 이해했다.

남녀 불문하고 중년의 나이에 이런 남모를 고민에 빠진 사람들이 많다. 생각이 밖으로 향해 있을 때는 할 일이 있어 우울증이 오지 않는다. 환경의 변화로 생각이 안으로 들어와 내면화될 시기에, 지금까지 잘 살아왔는데도 잘못 살아온 것 같다는 생각이 들면서 우울증이 온다. 생각이 안으로 들어왔다는 것은 마음의 소리를 들으라는 신호다.

"우울증은 가던 길을 멈추고 네 안을 들여다보며 그동안 무시한 내적 자원을 발굴하라는 신호다. 우울증이 아니면 너는 일방향의 길을 계속 갈 것이고, 그러면 절름발이 인생밖에 못 산다. 지금 너에게 중요한 것은 우울증의 치료가 아니다. 에너지가 안으로 모이는 우울의 시간에 네 안에 있는 다른 잠재력을 들여다보고 네 것으로 만들라."

우울증은 성장의 주기마다 찾아온다. 우울증이 없어 성장의 기회마저 없는 것을 슬퍼해라. 마음이 말했다.

"외적 자원이 너무 많은 사람은 그것이 주는 쾌락과 만족으로 우울증이 안 올 수도 있으나, 내적 자원을 발굴하지는 못할 것이다. 외적 자원이 없는 사람은 외적 자원이 없어서 우울증이 왔다고 생각하여, 내적 자원을 발굴하지 못할 수도 있다. 외적 자원이 있든 없든, 우울증은 열심히 살아온 사람들에게 다른 내적 자원을 발굴하라고 주어지는 복이다."

 우울증을 애써 치료해야 할 병으로 여기지 마십시오.

오히려 내적 자원을 발굴하고

인생의 새로운 단계로 나아갈 기회로 삼으십시오.

황혼 우울증이 찾아올까 봐 두렵습니다

50대 중후반의 분들과 식사 중에 나온 말이다. "은퇴하면 뭐 하고 사나?" 이제는 은퇴를 무조건 미래의 일로 돌릴 것이 아니다. 곧 다가온다. 우리는 무거운 표정으로 잠시 생각에 잠겼다. 누가 말했다. "그럼, 뭐 먹고 사나요? 100세 시대라는데!" 우리는 마치 그날이 지금 닥친 것처럼 잠시 심각해졌다.

또 누가 말했다. "고령화 시대에 인류의 무서운 적은 황혼 우울증이라는데, 어떻게 극복하죠?" 그렇지 않아도 예순을 바라보면서 우울한 시간이 늘어났다며 서로 말들을 주고받았다. 황혼 우울증이 남의 이야기가 아님을 느끼며 우리는 우울 모드로 돌아갔다.

또 누가 말했다. "앞으로 제 명에 죽는 사람이 얼마나 될까요? 은퇴 후 40년을 살아야 한다는 것은 너무 끔찍해요. 그래서 인간은 동물과 달리 자살의 특권이 주어진 것 아닌가요?"

이 말에 사람들의 표정은 제각각이었다. 누군가 말했다. "가족을 위하여 스스로 목숨을 끊는 일도 상황윤리 입장에서 덕이 될 날이 곧 오지 않을까요." 아무도 찬성도 반대도 안 했다. 그냥 표정이 변하거나, 고개를 끄덕이거나 좌우로 돌릴 뿐이었다.

나도 그 분위기에 잠깐 젖다가 얼른 화제를 돌렸다. "내일 일은 내일로 맡기고 지금은 밥이나 맛있게 먹읍시다." 조금 전의 이야기는 모두 잊은 듯, 분위기가 환해졌다. 마음이 말했다.

"인생은 내일을 대비하기 위해서 사는 것이 아니야. 지금 현재를 충만하게 사는 거야. 지금 할 일은 밥을 맛있게 먹는 일, 그게 전부야. 만일 내일을 대비하는 것이 가장 중요한 일이 된다면, 그는 현재를 살지 못하는 것은 물론이고 일생을 다 바쳐서 내일만 준비하다가 시간이 부족해질 거야. 그러니까 죽음이 두려워지지."

 내일 일은 내일로 맡기고,

현재에 충실한 삶을 사는 것이 우울증을 극복하는 길입니다.

우울증을 치료하는 하나의 길을 알고 싶습니다

그녀는 계절의 변환기마다 우울증을 앓는다. 그녀가 우울증을 이겨나가는 방법은 외부 활동을 늘리는 것이다. 수다 떨기, 종교 활동, 오랜 친구 불러내기, 안 가본 곳 가보기, 남편에게 애교 부리기, 이런 것들은 약간의 조증이 아니면 할 수 없는 그녀만의 방법이다.

그녀는 이웃이 우울증에 걸렸다는 것을 알고, 선한 이웃이 돼보기로 했다. 자기 방식대로 하루 스케줄을 만들어 이웃에게 제시했다. 조조 영화, 점심 외식, 공원 산책. 그러나 이웃은 일각에 거절했다. "전 혼자 시간을 보내는 게 좋거든요." 이웃은 혼자 미술 전시회에 갔다.

우울증을 벗어나는 방법은 사람마다 차이가 있다. 외향적이거나 가벼운 조증의 사람은 외부 활동으로, 내향적이거나 우울기질을 가진 사람은 오히려 내적 활동으로 벗어나는 경우가 있다. 사람들에게는 자기가 경험한 것을 무의식에 각인시켜, 그 경험을 일반화하려는 욕구가 있다. 내가 이렇게 해서 이런 결과를 얻었다, 그러니 당신도 이렇게 하면 같은 결과를 얻을 것이다. 그러나 세계 75억 명 인구 중에 똑같은 사람은 없다는 것을 기억하라.

마음이 들려줬다. "우울증에서 벗어나는 방법은 우울증에 걸린 사람의 숫자만큼 있다." 우울증 혹은 우울한 감정은 인생길 도처에 있다. 당신만의 치유 방법을 찾아라.

 마음의 고통은 당사자에게 고유한 것입니다.
자신만의 방법을 찾아보는 것이 우울증 치료의 길입니다.

아무리 고민해 봐도 삶에 희망이 없습니다

30대 중반의 여성이 자궁암으로 자궁을 다 드러냈다. 결혼도 안 했는데 여성으로서의 기능을 상실한 그녀의 슬픔은 컸다. 수술 후 1년 동안은 우울증이 왔다. 그 후 1년은, 우울증을 달래려고 기분 좋은 일을 만들겠다는 것이 그만 조울증에 걸려 조울증 약을 복용하며 지냈다. 약물의 도움을 받아 정신을 안정시키고, 취업을 하려고 1년 동안 여기저기 일자리를 알아봤으나 할 만한 일이 없었다. 약물이 신체와 정신을 자꾸 다운시켜서 마음이 상쾌하지 않았다.

실의에 빠진 그녀는 동네 공원에 나가 무심한 표정으로 하늘을 올려다보곤 했다. 어느 날, 아직도 부모에게 의존하고 있는 자신의 처지가 불쌍하게 여겨지자 정신이 바짝 들었다. "나는 회생 불가능한 심신의 질병을 가진 자다."

그녀는 그녀의 집 20층 아파트 베란다로 가서 베란다 문과 방충망 문을 열어젖혔다. 뛰어내리려 하는데, 그 아래서 몇 명의 초등학생들이 놀고 있었다. 한 10분 기다렸으나 아이들의 숫자는 더 늘어났다. 이상한 일이다. 그곳은 작은 화단이 있는 곳으로 아이들이 놀 만한 곳은 아니다. 10분은 충동 자살을 막기에 짧지 않은 시간이다.

나중에 밝혀진 바에 의하면 그 상황은 실제가 아니라, 그녀의 마음이 만들어낸 환시였다. 환시는 정신병적 증세지만, 이때의 환시는 그녀를 구했다. 그녀의 의식은 괴로웠지만, 무의식은 그녀를 향한 희망을 가지고 있었다. 내가 사람들에게 마음의 소리를 들으라 하니까, 일부 사람들은 그것은 은둔 수도자들이나 가능한 일이라 말하며 평가절하한다.

혹은 걱정 없이 한가한 사람들이나 하는 심리적 유희로 생각한다.

마음 안에 있는 강력한 에너지가 밖으로 나오면, 그 에너지는 착시 현상을 만들어서라도 사람의 행동을 조절한다. 옛 조상이 정화수를 떠 놓고 밤새도록 빌면 외부 상황이 변한다고 믿은 것은 실제로 이루어진 사례가 있었기 때문이다. 이것은 마음의 강력한 에너지인 원형의 활동 으로 충분히 설명될 수 있는 현상이다. 융은 원형이 인간의 의지와는 무관하게 무의식적으로 작동하여 정신뿐만 아니라 물리적 환경까지도 바꾼다고 했다.

마음의 소리는 원형에서 나온다. 원형은 합리적 사고가 아니라 직관 으로 의식화되고 모든 것을 다 알고 있기에 '절대지'라 불린다. 마음은 말한다. "너의 직관을 존중하라. 직관은 항상 네 편이고 너를 돕는다."

 머릿속 고민으로는 다 해결되지 않는 문제들이 있습니다.

때로는 당신의 직관이 보여주는 바를 믿고,

있는 그대로 실천해 보십시오.

약물 치료로 우울증을 극복할 수 있을까요

겨울에서 봄으로 넘어가는 계절성 우울증에 걸린 사람이 약물 치료와 사람들을 만나 수다 떠는 것으로 많이 좋아졌다. 내가 보기에 좋아졌다기보다는 우울을 방어하는 가벼운 조증 상태였다. 그는 지난 한 주 동안 있었던 기분 좋은 일들을 내게 보고하며, 기분이 좋아지는 느낌을 또한 즐겼다. 그는 우울한 상태에 좀 더 머물러 있어야 우울함에 대한 내성이 길러져 조증으로 도망가지 않을 것이다. 하지만 그는 우울함을 견디기보다 약을 먹고 편하고 기분 좋은 상태를 유지하기로 작정한 듯 보였다.

우울증에 걸렸다가 갑자기 기분이 좋아진 또 다른 사람이 있다. 그는 타고난 우울체질이다. 그 덕에 다른 것에 눈을 팔지 않고 자기 일에 집중할 수 있었다. 성격은 타고난다는 말이 무색할 정도로 갑자기 밝아진 그에게 활짝 웃는 하회탈을 씌워주고 싶었다. 마치 다른 사람을 보는 것 같았다. 그 역시 새로운 인생을 사는 것 같다고 했다. 항 우울증 약물의 효력이다. 그는 약물 치료의 부작용을 알고 있었지만, 부작용이 생기더라도 당분간은 우울하지 않게 사는 방법을 선택했다.

고령화 시대에 황혼 우울증은 매우 심각한 사회적 질병이다. 내 의지대로 잘 안 되는 병이다. 우울증 환자들을 만나면서, 우울체질인 나 역시 우울증에 걸릴 확률이 높다는 것을 늘 확인한다. 이렇게 예기우울증이 찾아오자 마음이 말했다. "약 먹어." 약물 치료는 심리치료와는 정 반대의 것이다. 심리치료사인 나는 가급적 약물 치료는 피하자는 입장이다. 약물에 대한 나의 거부 반응을 마음도 알았던지, 부연설명을 했다.

"약물 치료는 마음이 아니라 몸을 치료하는 거야. 황혼 우울증은 마음이 아니라, 몸의 상태에 따라서도 생기는 병이야. 그러니 약을 먹어 기분 좋게 하는 것이 이상하지 않아."

"내 참, 꼭 약을 먹어야 하나요?"

"그럼, 몸을 움직여."

나는 강원도 영월에서 7년간 목회를 한 적이 있다. 거기 어르신들 중에 우울증 약을 먹는 사람은 한 사람도 없었다. 할 일이 있는 사람은 우울증에 절대 안 걸린다. 하다못해 동네 뒷산이라도 숙제하듯 오르면 우울증은 왔다가도 달아난다. 누구에게나 몸을 움직일 수 없는 때는 찾아온다. 그때는 다른 차원으로 마음을 움직여 몸의 한계를 이겨내야 할 때다.

 약물은 마음이 아니라 몸을 치료하는 수단입니다.

때로는 약물이 필요할 수도 있겠지만,

몸을 움직여 활기찬 생활을 하는 것이 더 중요합니다.

미리 걱정하지 말고 밥이나 맛있게 먹어라

순대국밥 집에서 점심을 먹고 있었다. 맞은 편 식탁에서 어르신 부부가 나란히 앉으셔서 순대국밥을 드시고 계셨다. 부부는 아무 말씀도 없이 순대국밥만 비우셨다. 할머니는 간혹 걱정스러운 표정으로 영감님의 옆모습을 훔쳐봤다. 영감님은 할머니의 눈길에는 아예 관심도 없었다. 가끔 밥이 담긴 수저를 손에 드신 채로 고개를 들고 눈을 감으시고, 생각에 잠기기도 하셨다. 이때 할머니의 표정은 매우 어두워지셨다.

나는 이런 상상을 했다. 그날 아침에 할머니가 말씀하셨을 거다. "이봐 영감, 그러고 있지만 말고 탄천이라도 걸읍시다. 그리고 당신 좋아하는 순대국밥이라도 한 그릇 먹고 옵시다." 그래서 영감님은 방금 전에 탄천을 걸으셨고, 시방 순대국밥이라도 잡숫고 계신 거다.

나는 왜 이 광경이 자꾸 눈에 들어오는 걸까? 오랫동안 명리학을 공부하신 이가, 나도 70대 즈음에 우울증이 온다는 말을 했다. 나는 그걸 걱정하고 있었다. 그때 마음의 소리를 들었다. "우울증! 그때 가서 걱정해도 늦지 않아. 너는 지금 순대국밥이나 맛있게 먹어."

예기불안은 우울증의 주원인이다. '지금 여기'에 사는 사람에게 우울증은 없다. 농촌에서 100세가 되도록 농사짓는 분들에게 우울증이 왔다는 말은 못 들었다.

여기저기서 상담을 받아봤지만 소용이 없습니다

그는 나이 30에 이르도록 한 직장에서 1년을 버틴 적이 없다. 입사 후 몇 개월만 지나면, 직장 동료가 자기를 무시한다는 생각을 했다. 그러니 직장 생활이 불편을 넘어 불안하고 그만둘 날만 찾는다. 그는 경미한 만성우울증으로 진단받았다.

잠깐 취업해 돈 벌어서 그만두고 심리상담 받고, 다시 벌어서 심리상담 받고 그만두고를 반복했다. 그가 찾은 심리상담소는 방송을 좀 탄 곳, 블로그에서 치료 효과에 대한 댓글이 그럴듯하게 달린 곳, 그리고 상담사의 인상이 좋은 곳이었다. 그렇게 해서 전국으로 상담 쇼핑을 다녔다. 그렇게 다녀서 심리치료 효과를 볼 리가 없다.

요즘 돈 받고 블로그 댓글 달아주는 업체도 많다. 상담을 종결한 내담자가 심리상담 받은 센터의 블로그나 홈페이지에 들어가 나 잘 치료받았다고 댓글을 다는 경우는 거의 없다. 당신이라면 그러겠는가? 방송 여러 번 나간 것이 그 사람의 전문성을 입증해주는 것도 아니다. 인상이 그 사람의 전문성을 말해주는 것은 더더욱 아니다. 아무튼 그는 이런 조건에 맞는 심리상담소를 검색해 찾아간다. 처음에는 저 분이 나를 꼭 치료해줄 수 있다는 과한 신뢰를 가지지만 몇 회기 넘기지 못하고 상담을 종결해버린다.

그는 내적 허기를 외적 화려함에 의존하여 좋아지기를 원했다. 그래서 전국적으로 이름난 상담소를 찾아다닌 것이다. 마음은 그를 이렇게 격려했다.

"밖으로 다니지 말고, 스스로 너를 위한 방송을 해봐. 스스로 너를 위한 댓글을 달아 봐. 너의 인상과 개성에 박수를 보내 봐."

　그는 그렇게 할 수 없어서 그렇게 해주는 사람을 찾아다닌다고 울먹였다. 그러자 마음은 단호히 말했다. "그럼, 살아온 대로 살아." 그는 더 많이 밖으로 다니고 나서야 자기 안으로 돌아올 것 같다. 그가 자기를 존중하기까지는 시간이 필요하다.

 처방은 권위 있는 누군가가 내려주지 않습니다.

외적인 화려함으로 채울 수도 없습니다.

내적 허기에 응답할 수 있는 사람은 바로 자기 자신입니다.

일하는 동안 쌓여온 감정을 주체하기 힘듭니다

작은 사업을 운영하며 안정기에 들어선 그는 퇴근 이후나 휴일이 되면 공허감이 몰려온다. 그동안은 워낙 바쁘게 살아서 공허할 겨를조차 없었던 것이다. 전에는 그의 표면의식에 잠깐 나왔다가 바쁜 일에 쫓겨 환영받지 못했던 감정들이 한꺼번에 달려들었다. 일할 때는 모른다. 그래서 일을 놓지 않으려 애쓰다가 일중독이 되는구나, 하는 생각도 들었다. 그는 차라리 일중독으로 사는 것도 편하다고 했다.

사람들은 그의 공허한 속은 모르고, 일 잘하는 것만 안다. 그를 마당발이라고 하는데, 업무 처리를 위해서만 그렇다. 그는 속 드러내는 일을 부끄럽게 여긴다. 두꺼운 가면을 쓰고 있지만, 사람들은 그 가면이 그의 본모습인 줄로만 안다. 이제 사업이 안정기에 들어 마음이 편해져야 하는데, 가면 속의 공허감이 그를 괴롭힌다. 가면을 벗으면 해결될 것을…….

마음의 공허가 밀려들어 견디기 힘든 어느 날, 그답지 않은 행동을 했다. 꼭 해야 할 업무를 내일로 미루고 일찍 퇴근한 것이다. 그리고 화장실 거울 앞에서 자기만의 공허감을 쏟아냈다. 누가 들었으면 미쳤다고 했을 거다. 다행히 아내도 아이들도 집에 없었다. 속이 후련해졌다. 주로 사적인 감정을 털어냈는데 감정의 쓰레기를 비우는 작업을 한 것이다.

감정의 쓰레기가 비워지자 마음속에서 떠오르는 소리가 있었다. "지금 한 것의 30퍼센트 정도는 하고 살아야지." 그의 자아가 반론을 폈다. "그러면 사람들이 나를 싫어하고 떠날 거야." 그가 망설이고 있는 중에 마음이 말했다. "아니, 사람들은 너의 솔직함을 좋아하게 될 거다."

두꺼운 가면을 쓰고 사는 사람의 내면은 갈수록 공허해진다. 이 공허가 쌓여 우울증이 된다. 우울증은 병리적 증상을 동반하여 견디기 힘들어지지만, 공허는 그런대로 견딜 만하다. 공허는 두꺼운 가면을 얇은 가면으로 바꾸어 써야 할 때가 왔음을 알리는 신호다.

 그동안 쉴 새 없이 일하느라 써온 가면을 벗어주십시오.

가면 뒤에 있던 자신의 본래 모습을 위로하고

그 솔직함을 다른 사람들에게도 보여 주십시오.

그동안 슬픈 일들을 잘 참고 견디며 살아왔습니다

친구가 자살했다. 슬펐지만 잘 견뎌냈다. 동생이 자살했다. 슬펐지만 슬프지 않은 척하면서 살았다. 애인이 그를 떠났다. 그는 감정의 혼란을 이겨내고 직장 생활에 충실했다. 부모님이 황혼이혼을 했다. 그는 삶의 모든 것이 그에게서 떨어져나가는 것 같았다. 성실히 일 잘하는 줄로만 알았던 그에게 이런 슬픔이 켜켜이 쌓였던 것이다.

슬펐지만 슬퍼하지 않는 척하는 일은 공짜로 되지 않는다. '척하는 만큼'의 에너지는 소진되고, 자아는 약해지고, 슬퍼진다. '척하는 것'은 임시 적응력을 높여줄지 몰라도 속사람을 더 약하게 한다. 척하지 않기 위해서 울 때는 울어야 한다.

그는 슬픔을 이겨낸 것이 아니라 누른 것이다. 자연스러운 정신의 흐름을 누르면 누른 만큼의 에너지 손실이 뒤따른다. 누른 것이 쌓여 더이상 누를 힘이 없어지면, 에너지가 소진되어 삶을 포기하는 방식으로 자살충동도 일어난다.

슬픈 일이 생기면 마음은 울라고 한다. 그는 친구의 자살을, 동생의 자살을, 부모의 황혼이혼을 슬퍼하고 울어야 했다. 이런 애도작업은 불경한 것이 아니라, 슬픔의 흐름을 원활하게 하여 마음의 기를 뚫어준다. 마음이 들려줬다. "하나의 슬픔 고개를 넘을 때마다 당신은 새로운 존재로 거듭난다."

 마음은 슬플 때 마음껏 울고 토해내라 말합니다.

더 이상 슬픔을 포기하지 마십시오.

열등감에 시달려온 저 자신을 위로하고 싶습니다

다들 열등감을 가지고 살아간다. 그 녀석을 없는 것처럼 가리면 녀석
은 빛을 못 봐 더 추한 꼴이 된다. 사람은 메인보드에 열등감이란 칩을
장착하고 태어난 컴퓨터다. 이게 또한 자동 업데이트 된다. 이 녀석을
한 번 없앤 적이 있는데, 아니 없어진 것처럼 착각한 적이 있었는데 외
로워 죽는 줄 알았다. 그래서 얼른 녀석을 다시 불렀고 외로움은 내 등
뒤로 물러났다.

열등감은 겸손하라고 주신 거? 더 분발하라고 주신 거? 그런 점도 있
기는 하다. 그것만이라면 세상은 이미 낙원이 됐을 거고 모두가 성공
했을 것이다. 열등감은 외롭지 말라고 하늘이 내려준 특별선물이다.
그 녀석과 싸우다 보면 실존적 외로움은 잠시 잊고 하던 일을 계속하
게 된다. 그 녀석을 보상하다 보니 어느덧 성공한 사람이 되어 있기도
하다.

얻을 수 없는 것을 목표로 삼으면 만성적 열등감이 생긴다. 가령 일
흔 살의 노인이 젊은이의 체력을 부러워한다면 절대 그렇게 되지 못하
므로 열등감에 빠진다. 노안이 와서 가까운 것을 못 보고 먼 것을 보는
이유는, 이제부터는 가까운 것에 열등감 가지지 말고 보다 멀리 내다
보고 영적인 것에 열등감을 가지라는 뜻이다.

목표를 무엇으로 삼든 간에 열등감은 항상 있을 것이고, 그 열등감은
당신의 삶에 동력이 될 것이다. 눈에 보이는 것들에게 만족할 수 없어
더 먼 곳을 동경하고자 한다면 명상을 하라. 명상은 육의 눈으로 볼 수
없는 것을 보게 한다. 100세 시대는 그냥 오래만 살라고 도래한 것이

아니다. 모두가 충분히 성장한 뒤 죽음을 맞이하라고 내린 하늘의 선물이다. 마음이 말했다.

"언제 어느 때나 마음만 먹으면 명상할 수 있다. 명상이 잘 안 되는 것은, 그래서 배워서 명상을 하려는 것은, 높은 수준의 명상을 기대해서다. 그저 잠깐이라도 고요히 있으면 명상이다. 그곳이 어디든지. 명상은 인간의 본질에 도달하게 한다. 명상은 배워서 하는 것이 아니라 하면서 배우는 거다. 명상은 명상 속으로 사라질 그날을 미리 준비하는 것이다. 명상은 당신이 당신 안에 존재하게 해준다."

 자신만을 위한 고요한 시간을 가지십시오.
명상을 통해 눈에 보이지 않는 것들에 집중하고
더 먼 곳을 내다볼 수 있는 혜안을 기다리십시오.

평화롭고 아름다운 노년을 보내고 싶습니다

일반적으로 나이가 들면 감정의 기복을 조절하는 능력이 더 생긴다. 노인들은 많은 경험들을 처리해오면서 의식과 무의식의 상호작용에 익숙해져 있다. 외부 자극에 민감하지 않고 평상심을 유지할 수 있는 능력은 곧 노인의 지혜다. 반면 그의 경험 수치를 넘는 낯선 자극을 처리하는 능력은 떨어진다. 노인은 새롭게 자아를 성장시켜 산다기보다는 주로 과거의 경험에서 얻은 내공에 의존하여 산다.

한편 노년이 되어도 자아를 성장시키는 분들이 있다. 자아는 의식의 중심이지만, 집단 무의식의 원형에까지 뿌리가 닿아 있다. 노년의 자아는 원형을 의식화시킴으로 더 단단해지거나 영성적으로 될 수 있다. 이런 분들을 '지혜노인'이라 한다. 지혜노인의 특징은 외부 자극에 대한 감정의 동요가 적고, 유머를 사용할 줄 안다. 누구나 지혜노인이 될 수 있는 자질을 그의 무의식에 가지고 있다.

지혜노인은 강의실에만 계신 것이 아니라 경로당에도 계신다. 동네 뒷산의 정자에 모여든 노인들 중에는 어김없이 한두 분의 지혜노인이 계신다. 농촌에서 밭에 김을 매는 어르신들 중에서도 계신다. 노인이 되어 우울하다고 혼자만 있는 것은 자신과 타인의 우울을 달래줄 기회를 스스로 빼앗는 것이나 다름없다. 마음이 말했다. "우울은 서로 사랑하라고 오는 것이고, 사랑은 서로의 우울을 달래는 것이다."

 노년이 되어도 성장을 멈추지 않는 '지혜노인'이 되십시오.
사람들과 함께 서로의 우울을 달래는 사랑을 실천하십시오.

나의 우울증에 대해 알아주는 사람이 없습니다

한 우울증 내담자와의 만남을 나는 잊지 못한다. 그는 우울증으로 매일 자살충동이 일어나고, 자살예행연습 같은 것도 여러 번 시도해서 자해자국이 선명한 청년 과학도였다.

나는 우울증에 대한 심리학적 연구를 많이 했고, 10년 이상 상담 전공 학생들에게 가르쳤으며, 우울증 내담자도 많이 만났다. 우울증 내담자들 중에는 가끔 이런 말을 하는 사람이 있다.

"선생님은 우울증이 얼마나 힘든 병인지 모르실 거예요. 안 걸려 보셨으니까." 맞다. 나는 그냥 속으로만 말한다. "그래도 저만큼 우울증 환자의 아픔을 이해하는 사람이 있을까요?" 이 말도 어느 정도는 맞다. 단지 어느 정도만.

우울증 환자는 이유 없이 눈물이 나고, 하늘은 잿빛이고, 태양은 빛을 잃었고, 미래는 암울하고, 사람을 보면 죄책감이나 분노가 들고, 신체에도 우울증상이 동반되어 찌뿌듯하거나 심하면 몸이 정신에서 분리된 느낌도 든다. 거기다 불면까지 겹치면 괴롭기가 한이 없다.

내가 막 심리치료 분야에 관심을 가질 무렵에, 좋은 심리학 강의로 내게 동기를 부여해주신 정신의학과 교수님이 우울증에 걸렸다. 그는 우울증 약을 복용했고 오전에만 일했으나 병증이 간단치는 않았나 보다. 저명한 정신치료자나 심리학자 중에는 자신의 우울증과 싸우다가 끝내 이겨낸 사람이 적지 않다. 한창 에너지가 넘쳐 임상 활동을 하던 나는 정신치료자들이 우울증에 많이 노출되어 있다는 말을 듣고 이해는 했으나, 나는 우울증에 절대 안 걸릴 거라고 했다.

그런데 요즘, 나는 우울증 내담자를 더 잘 이해하고 치료하라는 가혹한 훈련을 받고 있다. 이래서 우울증 환자가 아무 희망이 없다고 하는구나, 절벽에서 떨어지는 기분이라 하는구나, 얼굴에 빛이 없었구나, 다른 사람의 말이 귀에 안 들어왔구나, 죽고 싶었겠구나, 하는 생각이 든다. 과거 어느 때보다도 우울증 내담자의 고통스러운 이야기가 가슴에 쏙쏙 꽂힌다. 우울증 환자는 정신치료자의 선생이다. 고로 우울증에 한 번 호되게 걸려보지 않은 사람은 진정한 정신치료사라고 말할 수 없다. 나는 지금 그 가혹한 수업을 받고 있다.

　우울의 깊은 바닥으로 들어갈 때마다 듣는 소리가 있다. "너는 나를 사랑하느냐?" 여기서 나는 우울의 소리를 들었다. "너는 우울을 사랑하느냐?" 우울은 변장한 모습으로 살짝 찾아온 기쁜 소식의 전령이 아니다. 우울은 평생 사랑할 애인으로 삼아야 할 대상이다. 애인에게 선물을 받으려 말고, 내가 먼저 애인에게 선물을 하자. 애인에게 줄, 그리고 애인이 가장 좋아할 선물은 평생 함께 있어주는 거다. 평생 함께하기로 각오한 우울은 더 이상 우울이 아니다.

　나는 청년 과학도와 상담하면서, 우울을 퇴치하는 기술을 가르치지 않았다. 그런 마법이 있는 것도 아니다. 있다면 반짝 진통제에 불과하다. 살다보면 진통제도 필요하겠지만, 치료제는 아니다. 나는 그에게 어떤 우울한 감정이나 생각들이 있는지 함께 탐색했다. 탐색할수록 그의 것은 또한 나의 것이었다. 나는 그의 우울이 무엇을 의미하는지 함께 탐색해나갔다. 그가 탐색한 의미는 곧 나의 의미이기도 했다.

　나의 우울과 그의 우울이 만나는 의미 있는 무의식적 교감을 했다. 그것은 각자에게 소중한 그 무엇을 공유하는 교감이었고, 그렇게 함으로 우리는 각자의 우울을 덜어냈다. 닫힌 그의 말문이 활짝 열렸고, 그는 나와의 대화를 즐겼다. 나 역시 그와의 대화를 즐겼다.

어느 날, 그는 캄캄한 터널 안에서 서성거리다가 마침내 빠져나오는 꿈을 가져왔다. 나는 심리치료가 성공하고 있음을 확인했다. 그때 마음이 들려줬다. "심리치료자는 내담자의 증상에 함께 들어갔다가 함께 나와야 한다."

정신치료에 종사한지가 어느덧 20년 가까이 되고 있다. 인간의 아픔을 무슨 고장 난 기계처럼 보고, 정비를 위한 족집게 기법이 있는 것처럼 유혹하는 사람이나, 거기에 혹해서 그 기법을 배우려고 그 주위를 배회하는 사람들을 볼 때마다 답답해진다. 그때에도 마음의 소리를 들었다. "너는 너의 길을 가라. 네가 가야 할 길은 아직 멀다." 그들 또한 그들의 길을 가고 있었다.

 고통의 크기는 당사자가 제일 잘 안다지만,

모두가 각자 따로 떨어져 우울증을 해소할 수는 없습니다.

함께 우울의 터널에 들어가 교감할 수 있는 사람을 꼭 만나십시오.

10장

돈

Money

**꼭 필요하다가도
없어지면 그만인 것**

온갖 우여곡절을 겪은 끝에 빈털터리가 되었습니다

삶은 알 수 없다. 고교 동창모임에 나가면, 한때는 그를 부러워하는 친구들이 많았다. 명문대 나왔지, 미국의 괜찮은 대학에서 경영학 석사를 했지, 귀국해서도 좋은 직장을 잡았지, 다들 잘 나갈 거라고 생각했다. 그러나 운명의 수레바퀴를 누가 예상하겠는가?

승진할 기회가 엎치락뒤치락하다가, 자의 반 타의 반으로 좋은 직장에서 나왔다. 이전 경력을 바탕으로 작은 무역업이라도 하면 괜찮을 것 같았고, 그의 미래를 염려하는 사람은 별로 없었다. 그러나 몇 번의 실패와 사기로 그는 부모로부터 물려받은 약간의 유산도 다 날리고 말았다.

그렇게 해서 서울의 중심지에서 주변지로, 다시 지방 중소도시로 집을 옮겨야 했다. 처음에는 이것도 다 운명이다 싶어 받아들일 만했다. 어느 날 문득, 그는 그의 신분이 예상치 못할 만큼 낮아졌다는 것을 알아차렸다. 초라해졌고, 친구들을 멀리하기 시작했고, 은둔생활에 들어갔다. 명상만이 그의 유일한 위로였다. 지금은 지구별의 변두리에서 살고 있지만, 30분 명상하는 시간만큼은 그가 우주의 중심이었다.

물질계에서 가장 중요한 것은 돈이다. 그는 누구보다도 돈벌이에 대한 야심이 컸다. 그래서 대기업 CEO가 되는 길을 개척했다. 결과는 꽝. 명상 중에 물질계에서 가장 중요한 것은 정신계에서 가장 중요한 것과 대칭을 이루고 있다는 것을 깨달았다. 그의 '돈 욕망' 저쪽 편에는 정신계의 가장 중요한 것이 있었다. 그는 명상으로 이 작업을 해냈다. 그가 건져 올린 돈의 맞은편에 있는 것은 '돈 비움'이었다. 돈 비움은 돈 없이도 유유자적하는 삶의 모험을 말한다. 그는 은둔에서 나오기 시작했다.

은둔에서 나오자, 많은 사람들이 정작 중요한 것을 망각하고 다들 돈 걱정하느라고 인생의 에너지를 소진하고 있는 것이 그의 눈에 보였다. 돈이 많든 적든, 다들 돈 때문에 삶에 제동이 걸려 있었다.

한때는 잘 나가던 그가 다 내려놓고 해탈한 도사가 되어 친구들 앞에 다시 나타났다. 그는 부부가 맞벌이로 겨우 생활을 해나갔지만, 명상으로 더 없이 귀한 것을 발견했기에 친구들 앞에 당당히 다시 나타날 수 있었다. 이런 그의 모습을 보고 위로받은 친구들도 많았다. "실은 나도 힘들었고, 지금도 힘들게 살고 있단다. 너를 보니 오히려 내가 위로를 받는다."

마음이 그에게 들려줬다. "너의 소명은 돈 없이도 당당히 자기 삶을 살 수 있다는 것을 돈 때문에 지친 사람들에게 보여주는 것이다." 그가 명상 중에 종종 듣는 말이다. "나에게로 오라. 나는 네게 줄 것이 많다. 나에게 받은 것은 너의 허기를 채우고도 남는다. 그리고 나에게 받은 것은 본디 나의 것이니 너는 나의 것을 베풀어라."

 물질로 위로받던 마음에 명상의 기쁨을 주십시오.
돈 없이도 유유자적하는 법을 배우고
사람들에게 당당히 자신의 모습을 보여주십시오.

생활이 어려워지니 부모님이 원망스럽습니다

아버지의 사업이 위기를 맞아 넓은 평수의 아파트에서 좁은 평수의 아파트로 이사 간 여대생이 있었다. 현관, 화장실, 거실, 주방, 방, 발코니, 아무튼 모든 것이 다 작아졌다. 여대생의 자존감도 함께 작아졌다. 뿐만 아니라 전에는 집에서 조금만 걸어도 지하철이 나오고 사방팔방으로 가는 버스가 많았는데, 지금은 마을버스를 타고 한 20분은 가야 광역버스를 탈 수 있다.

여대생은 부모를 원망했고, 몹시 우울해하며 이사 간 집을 사진 찍어 친구에게 보냈다. 친구에게 답장이 왔다. "나도 그랬어. 나는 집에 거주 이상의 목적을 두지 않는 거로 그때의 우울을 극복했어." 여대생은 수도승이나 실천할 수 있는 친구의 말을 되씹었다. 지금은 그런 위로라도 필요했고, 그런 위로 밖에는 달리 방법도 없었다.

그러던 중에 마음속에서 깨달음이 왔다. "넌 항상 사물의 목적, 그 이상을 원하고 있었던 것 알아? 네가 여기로 이사 온 것은 너의 변화를 위해서 너 스스로 저지른 일이야. 원망할 일이 있으면, 네 부모를 원망하지 말고 너 자신을 원망해."

인생길에서 원하지 않는 상황은 운명처럼 만난다. 그때는 잘 모르지만, 세월이 흐르면 그 상황은 나의 성장을 위해서 나의 마음이 만든 일임을 알게 된다. 각자의 집단무의식에 있는 원형은 각자가 가야 할 길을 밝히고 안내하기 위해 외부 환경도 변화시킨다. "마음 먹은 대로 된다"가 맞다. 그 마음은 자아의 통제 범위를 넘어 있다. 신을 믿는 사람이라면 신의 섭리라 할 것이다.

아버지의 사업 실패가 여대생 딸과 무슨 상관이 있다고 여대생이 스스로 저질렀다고 할 수 있는가? 그러나 마음은 인간적 논리로 설명할 수 없는 다른 차원의 일을 일으키기도 한다.

 나와는 전혀 상관없이 닥쳐온 가난처럼 보일지라도,

닥쳐온 이상 그것은 '나'와 분명한 상관이 있습니다.

가난을 나 자신을 위한 변화의 계기로 활용해 보십시오.

돈이 없다는 열등감에 화가 치밀어 오릅니다

지방대학에서 비전임으로 강의하는 교수가 있었다. 교수에게 늘 부족한 것은 돈이다. 교수는 돈과 권력 앞에서 고개를 숙이고 프로젝트 하나를 따오고 나면, 화가 머리 끝까지 치솟았다. "머릿속은 텅텅 빈 게 돈 좀 있다고 꼴사납게 구는군!" 이렇게 상대의 무식을 비난하고 나면 조금은 위로받는다.

그날도 돈 많은 사람 앞에서 굽신거리고 나서 상한 자존감을 보상하는 '욕 의례'를 하고 있었다. 그런데 그날따라 이렇게 불평불만을 해야 하는 자신에게 화가 났다. 상대가 아니라 자신에게 화가 난 것이다. 사람은 경제적이든, 서열로든, 명예로든, 궁색해지면 자기도 모르게 세상을 이분법으로 나눈다. 돈은 없으나 유식한 나, 돈은 많으나 무식한 너이다. 그래봤자 일순간의 자기 보상임을 본인은 잘 안다.

마음이 그에게 들려줬다. "네가 지식을 쌓기 위해 많은 노력을 한 것처럼, 그 사람도 돈을 벌기 위해 많은 노력을 했다. 네가 상대를 무식하다고 비난하는 것처럼, 상대도 너를 가난하다고 비난한다. 그게 옳다는 것이 아니라 세상은 늘 그렇게 짝을 이룬다."

인생은 자기가 가진 것을 가지고 당차게 자기 길을 가는 거다. 마음이 말했다. "불만이 많은 사람은 자기의 것이 없어서가 아니라 덜 발견해서다. 자기 것을!"

 자신에게 없는 것을 부러워하기보다

지금 가지고 있는 자원이 무엇인지 발견하고 발산하십시오.

결핍의 시기에는 자족을 배워라

"많이 가진 사람은 행복하다." 이렇게 생각하는 사람이 여전히 많다. 그러나 정말 그런 사람은 드물다. 그들은 단지 많이 가졌을 뿐이다. 많이 가진 반대쪽에는 그만큼의 결핍이 꼭 있게 마련이다.

많이 가진 사람들의 결핍은 가진 것을 씀으로 채워진다. 써 봐라. 쓰는 만큼 행복해진다. 어림잡아 말하는 게 아니다. 나는 누구보다도 많이 가진 사람의 결핍을 가까이서 보고 들었다. 그들은 남을 위해서 쓰지 않으면 결핍을 채울 수가 없다. 쓰지 않고 결핍을 채우려니. 죽기 직전에는 가진 것이 많아져 다른 결핍이 팽창되어 죽음마저도 거부하려 한다. 그들은 더 가지려고 스스로 결핍된 자가 되었다. 가지지 않은 사람도 불안하다는 이유로 채우려 한다. 그들 역시 항상 가난한 자가 되어 채움의 욕망으로 고통 받는다. 그들은 가난을 채우려고 스스로 더 가난한 자가 되었다.

위 두 가지의 결핍을 보상하는 방법은 자족이다. 가진 자가 많이 쓰고도 자족할 수 있다면, 가지지 못한 자가 가지지 못한 것으로 자족할 수 있다면, 결핍은 없다. 마음이 말했다. "자족은 결핍을 가장 잘 다스린다."

결핍은 가만 놔두면 영혼의 보헤미안을 만든다. 자족은 당신의 영혼을 고향으로 안내하는 천사다. 멀리 보지 말고 바로 곁에 있는 당신의 천사를 보라.

돈을 후하게 써도 만족이 없습니다

사업에 성공한 그녀는 나이 40대 중반에 이르자 다른 허전함이 몰려왔다. 그녀에게 허기는 재력이 아닌 내면의 부요를 찾으라는 마음의 신호였다. 그러나 외적 허기보다 내적 허기를 채우는 방법이 더 어려운 법, 사람들은 자기가 편한 방식으로 내면의 허기를 채우려 한다.

그녀의 방법은 돈을 좀 후하게 쓰고 사람들로부터 인정받는 것이었다. 그러나 내면의 허기는 채워지지 않고 돌아오는 반응도 만족스럽지 못했다. "그래서 남에게 좋은 일해야 다 소용없단 말을 하는구나."

그녀는 더 큰 부자가 되려고 소속된 종교 단체에 헌금을 많이 해서 인정받고 그것을 즐겼으나 허전한 마음은 신도 채워주지 못했다. 그녀의 마음은 자아에게 계속 말하고 있었으나, 할 말과 할 일이 많아 산만해진 그녀는 그 소리를 듣지 못했다.

"남들을 돕는 것은 선행이다. 안 하는 것보다는 그렇게라도 해야 재물에 대한 의무를 다하는 것이다. 그러나 선행의 동기가 선하지 않다면, 선행하는 사람의 마음의 허기는 채워지지 않는다. 동기가 선한 선행은 어떤 보상도 바라지 않는다. 그때에야 비로소 너의 마음도 부요해질 것이다. 너는 이것을 할 수 있느냐?"

이 말은 그녀뿐만이 아니라 우리 모두가 수없이 들어왔을 것이다. 마음이 아닌 단지 귀로만.

 진정한 선행은 어떤 보상도 바라지 않습니다.

외적인 자랑보다 내면의 부요함을 쌓을 수 있는 활동을 찾아보십시오.

원상복구가 불가능한, 막대한 손해를 보았습니다

계산에 밝은 50대 초반의 남성에게 있었던 일이다. 그는 소유하고 있던 아파트를 팔았는데, 그 아파트가 재건축 붐을 타고 3년 만에 두 배가 되었다. 그의 머리는 터질 것 같았다. "너, 집 한 채 값 손해 본 거야." 그는 불면증이 왔고 화병에 걸렸다. 손실됐다고 믿은 돈을 원상복구할 방법은 없다. 지인들이 그를 위로한다고 하는 말들이다.

"잊어, 운이 없었다고 생각해."

그는 이렇게 말해주고 싶었다.

"당신 같으면 운이 없었다고, 가볍게 생각해버릴 수 있나? 돈이 얼만데."

더 기분 나쁜 말도 한다.

"그래도 먹고살 만하잖아."

이렇게 말해주고 싶었다.

"당신은 먹고살기만 하면 충분한가?"

그는 위로받기는커녕, 더 화가 났다. 사람의 정신구조는 좀처럼 타인에게 위로받기 힘들게 만들어졌다. 섣불리 남을 위로하지 말라. 당신 또한 힘든 일일수록 남들의 위로가 귀에 안 들어오지 않나. 위로는 각자의 마음 안에서 찾는 거다.

손해를 봤다고 화병에 걸린 사람에게 마음이 들려주는 처방전이다.

"세상의 손실과 이익을 모두 더하면 제로다. 내가 이익을 봤다면 타인이 손해를 본 것이고, 내가 손해를 봤다면 타인이 이익을 본 것이다. 네가 타인이고 타인이 너라는 인식에 이를 수 있느냐? 내가 너의 이기적 습성을 이타적 습성으로 치유하려고 내린 무거운 처방이다. 너는 가벼운 처방전 따위에 일희일비하지 말라. 목적은 건강에 있지 처방에 있지 않다. 안타깝게도 많은 사람들은 처방이 곧 건강인 것처럼 착각하고 있다."

나는 아주 가끔 원상복구가 거의 불가능하게 경제적 손실을 입은 사람들에게 이 처방전을 써주는데 대부분은 안 받는다. 인생의 처방전에 사인은 본인이 해야 효과가 있다. 시간이 지나서야 그들은 이 잔혹한 처방전을 펼치고 양약은 입에 쓰다는 진리를 터득한다. 사람을 성장시키는 잔혹한 처방전은 한약과 같아서 약효가 나중에 나타난다. 마음의 소리를 들으라.

"나는 잔혹한 처방전은 아무에게나 써주지 않는다. 무릇 받을만한 자, 그만큼 성장할 준비를 한 사람에게만 내린다."

 내가 손해를 봤다면, 누군가는 이익을 봤을 겁니다.
내가 타인이 될 수 있고, 타인이 내가 될 수 있다는 생각에 이르면
당장의 손해에 일희일비하지 않게 됩니다.

전문성과 돈벌이 사이에서 갈등하고 있습니다

휴먼워커human worker(인간복지에 종사하는 사람)들은 더 많은 갈등을 한다. "돈이 먼저인가, 전문성이 먼저인가?" 어떤 정신치료자는 마케팅을 그럴듯하게 하여 돈벌이를 잘 한다. 또 어떤 정신치료자는 정신치료의 본래 목적에 충실하다가 돈벌이는 뒤로 밀린다.

사람의 돈 욕망은 그가 하는 말로는 측정할 수 없고 무의식에 숨어 있다. 돈 욕망이 상대적으로 적은 사람은 전문성에 헌신하며 돈과는 거리가 먼 삶을 살게 된다. 설사 돈을 좀 벌었다고 해도 재테크에 성공하지 못해 은행잔고는 쌓이지 않는다. 그들은 무의식적으로 돈을 쓸 줄도 알기 때문이다. 반면에 전문성을 이용한 돈벌이에 관심이 많은 사람은 거의 본능적으로 돈을 벌어들인다. 그들은 적은 재능을 확대하여 과시하고 선전하여 돈을 벌어들인다. 그것도 능력이니 돈 버는 능력은 타고났다고 할 수밖에 없다.

베토벤은 경제적으로 매우 힘들었다. 10대 때부터 가족의 부양을 위해서 일을 해야 했으나, 자기를 돕는 사람을 늘 곁에 두는 능력을 가졌다. 이것은 그가 음악가로서 성공할 수 있는 보조 능력이 되었다. 반면 슈베르트는 악보 한 장 살 돈도 없이 가난하게 살았다고 한다.

베토벤은 자기의 음악성과는 거리가 있는 전쟁교향곡과 청중을 즐겁게 해주는 피아노소나타 열정·비창·월광을 작곡했다. 아마 돈벌이용이었을 가능성이 크다고 한다. 그는 돈벌이를 위해서 구차하게 굴기도 했겠지만, 생애 전반을 자신의 음악성을 구현하는 일에 힘썼다. 그는 돈벌이를 목적으로 하는 음악가는 아니었다.

누구는 전문성 그 자체가 먼저이고, 누구는 그 전문성으로 돈벌이를 하는 것이 목적이다. 어느 것을 더 중요하게 여기느냐는 의식보다는 무의식의 흐름에 더 많은 영향을 받는다. 세월이 흐를수록 그의 무의식이 원하는 사람이 되어가고, 그 흐름은 끊기 힘들다. 마음이 말했다. "돈에 대한 태도가 곧 그 사람이다."

휴먼워커가 돈에 눈독을 들이면 머니워커가 된다. 그런 사람들은 많이 있고, 그는 삶의 질을 스스로 떨어뜨린다. 적어도 스스로 휴먼워커라 생각한다면 돈보다 사람이 우선이어야 한다. 그래야 삶의 질을 스스로 높인다.

 돈에 대한 태도가 사람의 자질과 전문성을 결정합니다.

돈보다 사람을 우선하는 마음을 가지십시오.

그 마음이 당신의 갈등을 조절하고 더 나은 삶으로 안내할 것입니다.

돈이 없어서 하고 싶은 일을 못합니다

시간만 나면 글을 쓰거나 책을 들춰보는 그에게도 휴식이 필요하다며 해외여행을 권하는 사람들이 적지 않다. 그는 그러고 싶은 마음도 있지만 돈이 걸린다고 한다. 늘 돈에 쪼들려 살다보니 목돈 들어가는 일이 그에게는 쉬운 선택지가 아니다. 그런데 궁색하게 살아도 가고 싶은 여행이 우선순위인 사람들도 있다. 그들은 말한다. "돈 때문에 여행을 못 간다면 평생을 못 가요. 가면 가집니다." 그들은 빚이라도 얻어서 여행을 다녀와야 한다.

솔직히 말하면 그는 여행을 귀찮아한다. 그도 여행 역마살이라도 붙었다면 꽤나 다녔을 거다. 그는 가까운 강변에서 산책하거나, 뒷산이나 호수 공원 주변을 한 번 걷는 것만으로도 족한 사람이다. 해외여행 한 번 갔다 오기로 마음먹으면 못 갈 것도 없지만, 마음이 끌리지 않는다. 만일 그의 마음이 거기로 끌린다면 필요한 여행경비도 생겼을 거다. 아니면 방송사 이벤트에 응모하여 여행 경품도 받았을 거다. 하나를 취하면 다른 하나는 버려야 하는 것이 변함없는 삶의 법칙이다. 사람들마다 사는 데 다양한 우선순위가 있다.

하고 싶은 일은 있는데 돈이 없어서 못한다는 사람들을 종종 본다. 그들은 자신이 흙수저인 것을 불평한다. 불평해서 얻는 것은 불평쟁이밖에 없다. 나는 그들에게 묻는다. "당신은 어떤 어려움이 와도 그 일을 꼭 해내고 싶은 의지가 있는가?" 그런 의지가 있으면 돈 걱정할 시간에 하나씩이라도 그것을 하라고 말해준다. 돈이 문제가 아니라 하고 싶은 것을 해내고 싶은 의지가 문제다. 꼭 필요한 돈은 언젠가 생긴다.

돈 문제로 고민할 때마다 마음이 들려줬다. "뜻이 있는 곳에 돈이 있다." 내 경험으로도 나는 이 말을 믿지만, 어떤 때는 잔인하게 들린다. "꼭 필요한 돈을 한꺼번에 주면 안 될까?" 마음이 말했다. "그러면 꼭 하고 싶은 일을 꼭 안 하게 된다." 돈에 관한 의문은 꼬리를 물고 나타난다. "넉넉하게 더 주면 안 될까?" 마음은 아무 말도 안 했다.

 뜻이 있는 곳에 돈이 있는 법입니다.
꼭 하고 싶은 일이 있다면 조금 먼 길을 돌아갈지라도
의지를 가지고 실천해 보십시오.

사람이 아니라 돈이 문제다

서민들의 이사는 매매한 집의 잔금을 받아 매매할 집의 잔금을 치른다. 집 한 채만큼의 여유는 꿈도 꾸지 못한다. 서민들은 이렇게 도미노 식으로 이사를 하는데, 하나의 도미노에 문제가 생기면 이사 행렬이 중단된다. 비상사태 발령이다.

가을비가 부슬부슬 내리는 날이었다. 한 집에서 은행 대출에 문제가 생겨 이사잔금을 치르지 못했다. 한 집에서 끝나는 것이 아니다. 그가 이사 갈 집, 그리고 그 집 주인이 이사 갈 또 다른 집, 이렇게 줄줄이 이사 행렬이 정지됐다. 사다리차는 이사 갈 아파트에 들어섰는데 전 주인은 잔금을 치를 때까지 짐을 절대 못 올린다고 으름장을 놓는다. 이렇게 서너 집이 이어진 것이다. 빗방울은 점점 굵어지면서 사람들 마음도 초조해졌다.

초조해진 사람들이 부동산중개사무소에 모였다. 그 중에 가장 크게 성난 사람이 부동산중개사에게 삿대질을 하며 소리쳤다. "무슨 일을 그렇게 합니까? 도대체가 사람들이 문제라니까." 역시 초조하게 옆에서 대기하던 사람이 목소리를 깔고 차분하게 말했다. "사람이 문제가 아니라 돈이 문제입니다." 소란하던 부동산중개사무소가 조용해졌다.

돈 좀 있다고 우쭐해 하는 사람을 불쌍히 여기자

　돈 좀 있다고 우쭐해 하는 사람, 돈 없는 사람을 무시하는 사람, 돈에 인생의 유일한 목적을 두는 사람. 진화론적 관점에서 볼 때, 그들은 하이에나에서 침팬지를 거치지 않고 바로 인간으로 진화된 존재다. 그들은 초원에서 다른 포식동물이 사냥한 것을 빼앗는 하이에나 근성이 남아서 돈 버는 능력이 탁월할 수도 있다. 그렇지 않은 사람은 그의 결핍된 침팬지를 보상해주는 역할을 하면 좋겠다. 마음이 말했다. "한 사람의 영적 진화의 정도는 돈에 대한 그 사람의 생각에 다 들어 있다."

사랑받지 못하는 마음을 소비로 충족하고 있습니다

남편은 사업상 늘 바빴다. 미안한 마음에 아내에게 한도가 높은 신용 카드를 만들어주며 편하게 긁으라 했다. 그러나 아내는 남편 돈을 마음대로 쓸 수 없었다. 자신을 위해서는 최소한으로 쓰고, 아이들을 위해서만 편하게 긁었다.

세월이 흘러도 남편은 여전히 바빴고, 아이들이 대학에 진학하니 아내의 마음은 허전해졌다. 자기 일로만 바쁜 남편이 미워졌고, 하여 신용카드를 편하게 긁고 다녔다. 긁을 때마다 남편에게 문자가 간다. 처음에는 남편 돈을 내 마음대로 쓰는 것 같아서 미안했고 가급적 적게 긁었다. 그러다가 배짱이 생겨 점점 카드결재 금액이 늘어났고, 그럴 때마다 남편은 뭐를 샀느냐는 문자를 보내왔다.

점점 더 배짱이 생긴 아내는 고액의 카드결재 금액이 남편의 핸드폰에 문자로 가는 것을 즐겼다. 아내를 챙길 줄 모르는 남편에 대한 보복성 행동이었다. 편하게 긁으라고 만들어준 카드가 분풀이 카드가 되고 말았다. 그러나 아내는 그 우울한 시기를 남편의 카드를 분풀이 식으로 쓰면서 극복해낼 수 있었다. 남편의 사랑을 돈으로 대체한 것은 최선은 아니어도 차선은 됐다. 마음이 말했다. "돈으로 대체한 사랑은 양념 정도로만 했어야 했다."

 우울한 마음을 달래기 위해 때로는 소비도 필요합니다.
하지만 돈으로 사랑을 완전히 대체할 수는 없습니다.
대화와 협력으로 서로 간의 사랑을 확인하십시오.

돈 벌기가 하늘의 별따기 같습니다

이러다가 노숙자가 되는 것은 아닌가? 심각한 고민에 빠진 지식인을 만난 적이 있다. 그의 삶의 여정을 돌아보면 부자가 될 수 있는 기회도 몇 번은 있었으나, 이상하게 그는 돈 되는 길을 피해갔다. 그리고 자기에게 끌리는 길을 선택했다. 배부른 돼지보다는 배고픈 소크라테스가 되기로 작정한 것이다.

이왕이면 배도 부른 소크라테스가 더 좋겠다고 하겠지만, 정말 두 가지를 다 가지기는 어렵다. 어느 하나를 많이 가지면 그 밖의 다른 것은 적게 가져야 하는 것이 인생의 법칙이다. 만일 두 가지 이상으로 많이 가졌다면, 그 두 가지는 더 이상 행복의 조건이라기보다 관리의 대상이 된다.

어떤 경우는 원하지 않는데도 편하게 돈이 들어오고, 다른 경우에는 원해도 돈이 안 들어온다. 죽도록 일만 해도 늘 가난한 사람이 있고, 일 안하고 놀기만 하는 부자도 있다. 세상이 불공평한 것이 아니라 돈이 불공평하다.

돈에 관한 한, 특히 마음의 소리를 들어야 평정을 찾는다. "돈 버는 능력은 타고 태어난다. 타고 태어난 것을 위해서 많은 시간을 소진하는 것은 어리석은 짓이다. 돈은 필요한 곳으로 흘러들어간다."

 돈 버는 능력은 아무래도 타고납니다.

돈 말고도 인생을 빛나게 해줄 것들을 찾아보십시오.

그것은 바로 자기 자신 안에 있습니다.

11장

죽음
Death

**영원으로 이동하는
입사식**

죽음의 때를 선택할 수 있을까요

날이 막 밝아질 즈음에 동네 뒷산을 오르려 집을 나섰다. 뒷산 입구에서 몇몇 분이 모여 수군덕거리고 있었다. 진입로 입구에서 조금 더 간 곳에 누가 목을 매고 자살했다는 것이다. 아침부터 그 처참한 광경을 보고 싶은 사람은 없었다. 다들 발길을 돌려 집으로 돌아갔다.

나는 그들의 말에 아랑곳하지 않고 늘 가던 길이니 가기로 했다. 진입로 입구에서 5분쯤 지나자 새벽 첫 등산객에게 자신의 부고를 알리려는 듯, 70대 중반으로 추정되는 백발의 할아버지가 숨을 거둔 채 나무에 매달려 곧게 서 있었다. 검정 제복을 입은 경찰관 세 명이 무표정하게 사고를 수습하고 있었다. 아침햇살을 받은 시신의 얼굴은 매우 평온해 보였다. 아직은 삶의 잔재들이 남아 자신의 죽음을 제대로 인식하지 못한 이분의 영혼은 공중에 붕 떠서 이 광경을 무심히 바라보고 있겠지.

나는 사고 현장에서 잠시 멈췄다가 다시 산으로 올랐다. 나보다 앞서 간 사람은 단 한 사람도 없었다. 사람들은 시체를 두려워한다. 목을 매달아 자살한 시체는 더 두려워한다. 황혼 자살의 가장 큰 원인은 우울증 아니면 빈곤이다. 둘 다 자신의 의지로만 개선될 수 있는 것들이 아니다.

100세 시대에 예순 살이면 은퇴하고, 남은 40년은 어떻게 살아야 하나. 이것은 이 시대에 태어난 인간의 업인가, 축복인가? 고령화 시대에는 죽음의 때를 스스로 선택하는 자율권이 보장되어야 하지 않은가? 그러자 마음이 말했다.

"나는 네가 살아갈 길을 보여줬고, 용기를 주었고, 생의 마지막 순간에 얻을 찬란한 영광도 알려줬다. 그리고 죽음과 직면할 고요하고 평화로운 마음도 주었다."

 삶이 선택한 대로 흘러가지 않듯, 죽음도 마찬가지입니다.

죽음에 대한 막연한 공포에서 벗어나

죽음이 무엇인지 이해하고 그 때를 준비해야 할 뿐입니다.

죽음, 이따가 보는 것

후배 한 명이 젊은 나이에 처자식을 남겨놓고 암으로 세상을 떠났다. 떠나기 전까지 어떻게 해서든지 가족은 먹고살게 해주려고 무진 애쓰는 모습을 보아왔다. 그 과정에서 나쁜 사람이라는 말도 들었지만, 사람이 다급해지면 나쁘다는 말쯤은 들을 수도 있다.

후배와 함께 활동한 커뮤니티에 부고가 올라왔다. 그의 죽음을 애도하고 위로하는 정형적이고 짧은 글들이 줄줄이 댓글로 달렸다. 남기고 간 두 명의 딸이 아직 어리다는 것이 사람들의 마음을 슬프게 했다. 정말 슬픈지는 모르겠지만, 아무튼 그런 슬픈 마음을 표현한 글들이 속속 올라왔다. 정말 슬펐다 하더라도 한 시간 이상도 안 갔을 거다. 인생에서 죽음처럼 당연한 것도 없다. 그런데 유가족이 아닌데도 죽음처럼 '슬픈 척'해야 하는 것도 없다.

뭐라고 댓글을 달까 하고 있는데, 마음은 내 손가락에 이미 명령을 내려 댓글을 달고 있었다. "잘 가게나. 이따가 보세." 죽음에 대한 또 하나의 결론을 내렸다. "죽음, 이따가 보는 것." 죽음은 소멸이 아니라 하나의 세계에서 다른 세계로의 이동이다.

죽고 나면 어떤 세상을 맞이할까요

현자들은 죽음을 알려면 삶을 살펴보라고 했다. 이 말 자체가 어렵다 지만, 실은 어렵게 생각해서 어려운 거다. 죽음이 두려운 것은 이후에 어떤 세계가 펼쳐질지 몰라서다. 자기를 진지하게 살피면 죽음에 대한 두려움은 없어진다. 자기 안에는 죽음도 있기 때문이다. 많은 사람들이 죽음을 두려워하는 것은 그만큼 자기를 모르기 때문이다.

죽음에 대한 많은 정보와 지식이 덧붙여질수록 죽음은 더 복잡해진 다. 인간을 철학적 한계에 가둬둘 수 없기에, 철학적으로 죽음을 논한 글은 따분할 뿐이다. 죽음에 관한 지식만큼은 신비주의자들의 직관이 나 체험에서 배워야 한다.

돈만을 욕망하며 살아온 사람은 죽어서도 같은 사람들끼리 모여 돈, 돈을 외치며 돈 세상을 만들 것이다. 그곳이 지옥이 아니겠는가. 어떤 종교인이 사후세계를 여행하고 왔다고 해서 화제가 된 적이 있다. 그 가 본 사후세계는 그가 속한 종교에 충성한 사람은 고급 아파트에, 그 렇지 않은 사람은 돼지우리 같은 곳에서 영생한다는 것이었다. 평상시 에 그가 어떤 가치관을 가지고 살아왔는지를 잘 보여준다. 그는 죽어 서도 그런 사람들끼리 모여 가진 자의 자본주의 질서를 지키려 애를 쓸 것이다. 그곳이 천국이겠는가. 또한 지옥불의 두려움을 가지고 살아 온 사람들은 실제로 지옥불을 본다고도 한다. 그에게 종교는 지옥으로 가지 말라고 사람들을 겁박하는 경고등이다.

오래전의 일이다. 어떤 텔레비전 방송에서 근사체험Near-death experience, 近死體驗자들과 인터뷰하는 프로그램을 방영했다. 죽음 초입에서 놀랍게도 기독교인은 천사를, 불교인은 보살을, 무속인은 저승사자를, 비종교인은 평소 자신이 생각한 죽음의 사신이나 부모님을 봤다. 죽음의 초입에는 살아 있는 동안의 자아 특성이 그대로 있어서 각자의 삶에서 자기가 구성한 것들을 보는 것 같다.

자기의 실존만큼 죽음의 세계가 펼쳐진다. 잘 죽기 위하여 잘 살아야 하는 것은 맞는데, 도대체 잘 사는 것은 무엇을 말하는가? 인간의 끊임없는 내적 성장을 목표로 하는 분석심리학 관점에서 설명해보자. 자아(의식의 중심)가 페르소나(사회가 그에게 부여한 직책)의 헛됨을 깨닫고, 무의식 깊은 층으로 내려가 본질의 형태를 가지고 있는 원형을 의식으로 통합해내는 계속적인 과정을 의미한다. 이를 참된 자기실현이라고 한다. 또한 분석심리학은 성장이 죽음 이후에도 계속될 것임을 시사한다.

마음이 들려줬다. "이 세상에서의 참된 자기실현은 죽음으로 완성된다."

 평소의 삶을 통해 드러난 것이 곧 그 사람의 죽음의 세계입니다.
참된 자기실현을 이룬 사람은
죽어서도 인간성의 본질에 이르게 됩니다.

평화롭고 행복한 죽음을 맞이하고 싶습니다

종교를 가진 사람이나 가지지 않은 사람이나 죽음은 미지의 세계로 진입하는 것으로 매우 두려운 일이다. 살날이 얼마 남지 않았다는 의사의 정확한 진단이 나왔음에도 불구하고, 그들은 오진이거나 기적이 일어나 생명이 연장될 것이란 막연한 희망을 가진다.

그러다가 의식이 거의 혼미해져 무의식으로 들어가는 죽음 직전에는 죽음을 받아들이겠지만, 그때는 의식이 아주 낮은 상태로 죽음 이후의 세계와 근접해 있기에 살아 있는 사람들에게 의미 있는 유언을 못해준다. 이런 이유에서 사후세계는 베일에 쌓여있다.

인류의 오랜 구전을 잘 살펴보면 사후세계에 대한 암시가 있다. 영화 〈사랑과 영혼Ghost〉에는 죽은 자의 영혼이 자신의 시신 위를 떠다니며 내려다보는 장면이 나온다. 이는 감독이나 대본작가의 상상력이 아니라, 죽음 직후에 대한 인류의 오래된 구전이다. 둔탁한 육체에서 나온 존재가 한없이 가벼워진 상태에 이른 것이다.

어린 시절부터 죽음에 대해 특별한 관심을 가졌던 스위스 출신의 미국 정신의학자 퀴블러 로스는 근사체험자를 집중적으로 인터뷰했다. 인터뷰에 의하면, 죽음 직후에 그들은 자신이 죽었다는 사실을 모른 채 공중에 떠다니며, 자신의 죽음을 애도하는 가족들의 모습을 이상하게 내려다봤다고 한다. 그리고 이것이 죽음이라면 세상으로 다시 돌아가고 싶지 않을 정도로 한없이 평화로움을 느꼈다고 한다.

죽음 직후에도 한동안은 땅에서의 인식을 그대로 가지고, 그 인식으로 사후세계를 투사해서 본다고 한다. 죽음의 초입에 이른 근사체험자들은 대체로 살아서 생각한 것들을 그곳에서도 본다. 즉 죽어서도 자아의 투사는 계속된다고 볼 수 있다. 분석심리학에 의하면 자아는 집단무의식에도 뿌리를 두고 있으니, 위와 같은 추측은 가능하다. 명상에서도 자아의 기능을 잘 유지해야 차원이 다른 세계로 진입하여 심신이 이완돼도 잠들지 않는다고 한다. 또한 그 세계의 신비에 압도되는 자아 팽창이 일어나지 않아 볼 것을 제대로 본다고 한다.

죽음을 연구하는 신비주의자들은 사후세계가 정신의 파동이 비슷한 영혼들끼리 집단을 이룬다고 한다. 즉 정신적 성숙도에 따라 영혼이 군집을 이루는데 그곳이 천국이라면 천국이고 지옥이라면 지옥이라는 것이다. 이것도 사후세계의 종착은 아니고 한 과정일 뿐이라고 한다. 또한 현대양자물리학자들 중에는 죽음의 비밀을 물리학적으로 밝혀내는 연구를 하는 사람도 있다.

산 자는 죽은 자에 대한 그리움과 아쉬움이 있다. 그러나 영원의 관점에서 보면, 죽음은 이 세상에 태어날 때 가지고 온 설계도에 따라 하나의 건축물을 완성하고 다음 과제를 향해 떠나는 영혼의 입사식과 같은 것이다. 그가 잘 살았다, 못 살았다 하는 것은 산 사람의 평가일 뿐이다. 그는 자신의 삶을 살다 갔다. 마음의 소리를 들었다. "너는 아주 오래전부터 있었고, 아주 오랜 후에도 있을 것이다. 죽음은 그 중 작은 하나의 이동에 불과하다."

 죽음은 영원으로 이동하는 입사식과 같습니다.
삶에 대한 큰 미련 없이 손에 움켜쥔 것들을 떠나보낼 수 있다면,
당신은 평화로운 죽음을 잘 준비하는 것입니다.

죽음은 하나 되는 거룩한 의례

근사체험자들이 말하는 죽음 초입에 보는 것들 말고, 죽음의 더 깊은 차원에서는 무엇이 일어나고 있을까?

이것 역시 어렵지 않다. 삶을 살펴보되 가장 깊은 삶을 살피라. 가장 깊은 삶은 가장 깊은 무의식의 세계다. 명상은 여기에 도달하는 것을 최종 목표로 한다.

깊은 명상의 차원에서는 나의 육체와 다른 물질계가 하나라는 것을 느낀다. 내 심장의 고동소리와 허파의 호흡소리가 주의의 모든 물질계의 파동과 하나가 된다. 의식적 생각은 중단되고 영혼은 한없이 맑고 가볍게 고양된다. 이때 모든 인간은 하나라는 깊은 일치감을 느낀다. 지금은 둔탁한 육체의 물질이 각각의 칸막이로 되어 있어 분리의 고통을 면할 수 없다.

삶은 가능한 한 사랑의 일치를 실천하는 것이다. 분석심리학에서도 모든 사람은 하나의 단일자, 즉 '자기Self'를 향해 여행한다고 했다. 사후세계의 종착점은 사랑의 일치일 것이다. 마음이 말했다. "죽음은 사랑 안에서 하나가 되는 거룩한 의례다."

죽음 앞에서 삶을 놓칠까 봐 두렵습니다

신앙심이 좋다는 노인이 말했다. "나는 사후세계에 대한 분명한 믿음이 있어. 다만 사랑하는 가족을 놓고 가는 것이 두려울 뿐이야." 믿음이 있는데 가족과의 이별을 두려워하다니! 신앙은 삶을 뛰어넘는 것인데, 노인의 신앙은 가족공동체의 울타리에만 머무르고 있었다. 같은 종교를 가진 50대 중반의 여성이 말했다.

"저는 생각이 달라요. 요즘 들어 배우자나 자녀나 혹은 친한 친구라 해도, 그분들이 나와 이별하면 안 될 만큼 내 인생의 중요한 대상이란 생각이 안 들어요. 오히려 언젠가는 떠나야 할 것 같아 지금부터는 놔주기 연습을 해야 할 것 같아요. 저도 제가 믿는 종교의 사후세계에 관해 많은 이야기를 들었지만, 저에게 죽음은 여전히 물음표이고 두렵습니다."

그녀의 신앙은 삶을 뛰어넘을 준비를 하고 있다. 새로운 이동에는 언제나 두려움이 있다. 만일 당신이 지금 두려워하고 있다면, 두려움을 소거하려는 퇴행적 행동을 중지하라. 당신은 새로운 삶의 차원으로 이동하려는 것이니 오히려 기뻐하라. 구약성서에서 여호수아는 요단강을 건너 가나안 땅에 이르려 하자 모든 것이 두려웠다. 신이 그를 위로한 말은 "두려워 말라"였다. 두려움은 무수히 건너야 할 통과의례 중 하나일 뿐이다.

사람들은 죽음을 죽음의 차원이 아닌 자기 삶의 차원으로 설명하려 한다. 죽음이 두려운 것은 곧 삶이 그만큼 힘들었고 두려웠다는 것을 말해준다. 신의 본질은 사랑이다. 죽음은 신의 본질과 접촉하는 설레는 의례다. 육체적 통증을 줄이기 위해 현대의학을 최대한 사용하라. 임종이 임박한 환자에게 연명 치료를 중단하고 모르핀 투여를 많이 해서 편안히 이 의례를 치르게 했으면 좋겠다.

통증도 잠시, 당신은 곧 신의 본질인 사랑에 이를 것이다. 죽음은 두렵지 않다. 이 땅에서 할 일을 다 하지 못하면 신의 영원한 저주를 받을 것이라는 주장은 인간의 두려움이 만들어낸 투사다. 누구나 이 땅에서 자기만큼의 할 일을 하고 간다. 그러니 죽음을 두려워 말고 슬퍼하지도 말라. 마음이 들려줬다. "죽음은 사랑이다."

 죽음이 두려운 것은 삶이 그만큼 힘들었음을 말해줍니다.
죽음은 오히려 편안하게 모든 것을 받아들이는 '사랑'입니다.
사랑으로 하나 되는 체험을 거부하거나 두려워하지 마십시오.

죽음은 그저 자연의 순리라 여기고 있습니다

부모님이 일찍 세상을 떠나셨기에, 그는 죽음에 대하여 진지하게 생각해볼 겨를이 없었다. 어떻게든 살아야 했고, 마땅히 그래야 했다. 장례식에 참석할 일이 많아질 즈음에, 20년을 그의 후견인이 되어준 분이 세상을 떠났다. 그는 마침 죽음에 대한 물음과 씨름하며 풀고 있던 터라, 별세하는 지인을 편안히 보내드릴 수 있었다.

장례식을 마치고 귀가하면서 이제는 죽음에 대해서 편하게 받아들일 수 있다고 생각했다. 죽음의 의문을 풀어서가 아니라, 존재하는 모든 생명체는 다 죽는다는 자연의 순리에 대한 수용이었다. 그러나 죽음을 수용하는 것과, 죽음의 원리를 이해하는 것은 다르다.

죽음의 원리에 대한 이해가 있어야 죽음이라는 실존적 불안과 두려움이 걷히고 삶의 원리도 보인다. 죽음의 원리는 죽음과 접촉한 사람들, 그들의 진심어린 고백의 의미를 이해한 사람들이 안다. 죽음에 대하여 진지하고 실존적인 관심이 있다면 그런 책들이 눈에 들어올 것이다. 죽음의 실루엣은 죽음에 대한 실존적인 관심을 가질 때 보인다.

마음이 말했다. "죽음은 관심 가져주기를 원한다." 죽음은 관심이 가는 만큼, 그리고 받아들이는 만큼 실루엣이 드러난다. 나는 이 책에서 죽음에 관한 책을 소개하지 않겠다. 당신에게 맞는 책을 스스로 찾아야 당신의 관심사가 된다.

 죽음을 수용하는 것과 죽음을 이해하는 것은 다릅니다.
죽음에 대한 관심은 오히려 삶의 원리를 이해할 수 있게 해줍니다.

죽음을 앞둔 사람을 떠나보내기 너무 힘듭니다

죽어가는 사람이 산 사람의 대성통곡을 듣고, 조용히 떠나게 제발 병실에서 나가달라고 했다. 그러나 차원의 세계가 멀어져 의사 전달이 안 됐다. 미래의 호스피스는 다른 차원의 세계로 멀어져가는 사람의 말을 가족들에게 전하는 영매 같은 역할도 해야 하지 않을까.

팔순을 넘기신 부친이 세상을 떠난 지 1년이 지났는데도 여전히 슬퍼하는 부인에게 말했다. "당신의 아버님은 지금 안식 중입니다." 위로나 하자고 한 말이 아니라, 삶과 죽음에 대한 이해에 근거해서 말했다. 내 말의 내용보다 내 신념이 전달되어서 부인은 부친 사별의 슬픔에서 벗어났다. 부인은 아버지에 대한 그리움으로 울었다지만, 실은 아버지에 대한 자기감정 때문에 운 것이다. 아버지는 안식 중이신데, 안식 중인 아버지를 그리워하며 딸이 울어야 할 이유는 없다.

산 자와 죽은 자의 중개는 죽음을 이해한 사람이라면 누구나 할 수 있다. 그것은 말의 내용이 아니라 말하는 사람의 깊은 확신으로 전달된다. 상대 또한 마음을 열지 않으면 이 말을 받을 수 없다. 심리학은 소중한 사람과의 사별은 애도로서 벗어날 수 있다고 한다. 애도는 마음속에 있는 사자를 떠나보내는 데 꼭 필요한 절차다. 그런데 마음은 그것보다 더 근본적인 처방을 제시한다. "죽은 자는 지금 안식 중이다."

 죽어가는 사람은 이미 평안한 안식을 준비하고 있습니다.
그가 평화롭게 세상을 떠날 수 있도록 돕는 것,
산 자의 의무는 그뿐입니다.

죽은 자는 산 자의 위대한 심리치료사다

아흔네 살에 숨을 거두신 지인의 모친 장례식장에 다녀왔다. 주말 늦은 시간이라서 조문객들은 일찍 다녀갔고, 내가 조문한 시간은 한산했다. 상가는 사람들로 복작거려야 좋다는 말은, 유가족들이 슬픔에 젖는 시간을 줄이기 위해 나온 말이다.

소수의 조문객들만 여기저기서 소곤소곤 대화를 나누는 조용한 상가는 괜찮았다. 아니, 더 좋았다. 보통 상가는 죽음을 공부하러 가는 곳이라고는 하지만, 오랜만에 지인들을 만나는 곳이기도 하여 잡담으로 시끄럽다.

오늘 상가는 조용했다. 연수를 채우신 분이라 가족들은 그다지 슬퍼하지도 않았다. 슬퍼하는 척도 안 했다. 솔직히 말하면, 산 자는 죽은 자를 생각하지 않는다. 잠시 혹은 한동안 죽은 자에 대한 자기감정에 빠져 있을 뿐이다. 고인을 위한 장례식장에서도 산 사람은 자기 삶을 생각하고, 장례의식은 죽은 자를 위하는 것 같지만 산 자를 위로하는 것이다.

나는 자정이 가까워 오는 조용한 상가에서 다음 차례는 우리구나, 하는 생각이 들었다. 나의 마음은 말할 수 없는 고요한 평화로 젖어들었다. 상가에 와서 제대로 된 죽음 공부를 한 것이다. 마음도 조용히 말했다. "죽은 자는 산자의 가장 위대한 심리치료사다. 산 자가 죽은 자의 빈소에 드리는 부조금은 1회기 심리치료 비용이다."

자식이 먼저 세상을 떠난다니 인정할 수 없습니다

의사는 환자가 오늘 밤을 넘기지 못할 거라고 했다. 그러나 환자의 엄마는 자기보다 먼저 세상을 떠나는 아들의 죽음을 받아들일 수 없었다. 이것은 뭔가 질서가 잘못된 것이다. 엄마는 아들이 지금 사탄과 영적인 전투를 벌이고 있고, 죽음은 이 전투에서 패배하는 것이라고 믿었다. 아들이 영적 전투에서 승리하면 기적과 같이 살아나는 것은 신의 뜻일 것이라 확신했다.

내가 병실 문을 열고 들어가자, 엄마는 영적 전투의 조력자가 되기 위해 땀을 흘리며 몇 시간째 의식도 없는 아들을 붙들고 소리 내어 기도하느라 지쳐 있었다. 엄마는 나의 손을 붙들고 나에게 영적 전투의 지원자가 돼 달라고 했다. 오늘 밤을 넘기기 힘든 환자의 손을 붙들고 살려달라고 외치는 기도를 해달라는 것이다. 내가 하고 싶은 기도는 환자의 의식이 조금이라도 있을 때에 자기 죽음을 받아들이게 하는 것과, 가족들이 평안히 그를 보내드리는 일이었다.

나는 환자의 손을 잡고 눈을 감았다. 내가 하고 싶은 기도를 하면 환자의 엄마가 실망할 것이고, 환자의 엄마가 원하는 기도는 내 양심이 허락하지 않는다. 나는 환자의 손을 붙잡고 무슨 말인지 알아들을 수 없을 정도의 작은 소리로 기도를 했다. 엄마는 내 목소리가 작아서 내기도를 못 들었다. 나는 일찍 세상을 떠나는 환자와 그리고 일찍 아들을 떠나보내야 하는 엄마와 감정이입만 하는 기도를 아주 작은 소리로 했을 뿐이다.

기도를 마친 후에 내 눈에서 눈물방울이 떨어졌다. 엄마도 덩달아 눈물을 흘렸다. 환자의 손에는 아직 온기가 남아 있었다. 환자가 내 손을 가볍게 쥐는 것을 느꼈다. 내 눈물방울이 환자의 손에 떨어졌다. 환자의 얼굴이 매우 평온해 보였다. 이래서 죽기 직전까지 귀는 열려 있다는 말을 한다. 엄마는 내 손을 붙들고 말했다. "아들이 좋은 곳에 갔을 겁니다. 감사합니다." 산 자가 죽어가는 자에게 해줄 수 있는 최선은 편안히 가게 도와드리는 거다.

 함께 울고 아파하며 기도합니다.
다만 우리의 최선은 죽어가는 사람이
최대한 편안하게 떠나갈 수 있도록 돕는 것입니다.

자기 죽음의 때를 먼저 알 수 있을까요

나의 상담심리학 수업에 여러 번 참석한 중년 학생이 있었다. 그녀는 가끔 허리가 아프다며 일어서서 수업을 받겠다고 했다. 병원에는 가 봤느냐고 물었더니, 정형외과에서 허리 디스크를 진단받았다고 했다.

반년이 지났을까? 그녀에게 전화가 왔다. "교수님, 저 췌장암 말기입니다. 암 세포가 다른 곳으로 전이되었다고 합니다. 6개월 선고 받았어요." 나는 깜짝 놀랐다. 췌장암으로 허리가 아픈 것을 허리 디스크로 잘못 알고 있었다니. "신유치유와 식이요법을 겸하는 기도원이 있어요. 거기 들어가기로 했어요." 지푸라기라도 잡으려는 그녀의 심정을 충분히 이해할 수 있었고, 나는 치료 잘 받으시라는 인사말을 전했다.

전화를 끊고 나자 식이이법은 좋지만, '신유치유'라는 말이 자꾸 걸렸다. 기적에 대한 희망 때문에 죽음 준비를 제대로 못하고 갑자기 임종을 맞는 분들을 나는 많이 봐왔기 때문이다. 그로부터 6개월쯤 지났을까. 그녀는 이곳에 와서 많이 좋아졌고, 많은 것을 배웠다며 밝은 목소리로 전화했다. 그녀는 완치에 대한 일말의 기대도 가지고 있었다. 내 마음은 무거웠다. 이유는 그녀의 죽음이 가까워졌다는 것을 직감으로 느꼈고, 살 욕망 때문에 죽음 준비가 제대로 안 되고 있다는 염려 때문이었다. 이후 그녀와의 연락이 끊겼다.

그리고 4개월쯤 지났을까. 그녀와 함께 있는 커뮤니티에 그녀의 아들이 글을 올렸다. "어머님 장례식을 잘 치렀습니다. 어머니가 함께한 커뮤니티이기에 소식을 알립니다." 그녀는 6개월 선고받고 10개월 정도 살다가 세상을 떠났다. 강의실 뒤에서 허리를 움켜쥐고 서성이며 수업을 받던 그녀의 모습이 눈에 선하다. 수업 중에 그녀는 무언가 할 말이 있는 것 같으면서도 못했고, 지금 생각해보니 그럴 때마다 얼굴에 잿빛의 그림자가 스쳐 지나갔다. 그림자는 그녀 자신도 모르고 있던 죽음의 신호였을 것이다.

수업이 있던 어느 날이었다. 나는 그녀의 얼굴에 잠깐씩 스치는 그림자가 평소와 다르다는 것을 느꼈다. 그림자는 애잔하면서도 강한 그리움을 담고 있었다. 지금 생각해보면 곧 현세를 떠나서 맞이하게 될 영원에 대한 그리움이었으리라. 그리고 기도원에서 완치에 대한 그녀의 기대는 암의 완전한 치료가 아니라, 영원한 세계에 대한 무의식적 기대였을 것이다. 그녀의 무의식은 이미 자신의 죽음을 알고 준비하고 있었을지도 모른다.

의식의 수준에서는 자신이 떠날 때를 모르거나 거부해도, 마음 깊은 곳에서는 죽음의 때를 이미 알고 있고 어떤 방법을 통해서라도 의식에게 신호를 보낸다. 현자들은 이 신호를 잘 포착해서 죽음의 때를 미리 준비한다. 그들이라고 특별한 능력이 있어서 죽음의 때를 안 것이 아니라, 보통 사람과는 달리 죽음 신호를 거부하지 않은 것뿐이다. 그녀의 밝은 목소리는 죽음 이후의 완전한 치유에 대한 기대였다. 마음이 말했다. "평소에 마음의 소리에 귀를 기울이고 받아들여라. 죽음은 그 소리의 일부이지 무슨 대단한 사건이 아니다."

 어쩌면 마음 가장 깊은 곳에서는 죽음의 때를 알고 있고
우리에게 신호를 보내고 있을지 모릅니다.
그러므로 항상 마음의 소리에 귀 기울여야 합니다.

그가 죽음 준비를 잘할 수 있게 돕고 싶습니다

아버지는 알코올 중독자로 위암 말기에 걸려 죽음의 날을 기다리고 있었다. 아들은 아버지가 가시는 몇 개월만이라도 맨 정신으로 지난 삶을 되돌아보시라고, 아버지의 술 요구를 거절했다. 그것이 아버지를 위한 최선이라고 믿었다. 그리고 가끔 아버지 방에 들어가 지난 삶을 돌이켜 회개할 것을 회개해야 마음이 정화되어 좋은 곳에 가실 수 있다고 했다. 아버지는 아무 말씀 없이 듣고만 계시다가 가끔 화를 내시며 말씀하셨다. "이제 와서 다 어떻게 하라고!"

어느 날, 딸이 아버지를 방문했다. 딸은 아버지가 주무시다가도 일어나게 할 소주를 손에 쥐고 있었다. 딸은 아버지가 사시면 얼마나 사신다고 하며, 그렇게 좋아하던 술을 드시게 해드리고 싶었다. 아들은 아버지가 일흔 평생 중 처음으로 한 달간 알코올 기운 없이 사셨는데, 알코올을 다시 몸에 넣는 것은 죽음을 준비하는 분으로서 옳지 않다고 했다. 그러나 잠시 생각에 잠긴 뒤에 누나의 말에 동의했고, 아버지에게 술상을 차려 드렸다.

아버지는 안면 가득 웃음을 지으시면서 술을 한잔 얼른 들이키셨다. 그리고 이내 토하셨다. "이제 내가 술을 다 못 먹는구나." 한 잔 따르고 남은 술은 병에 그대로 남아 있었다. 아버지 인생에 처음 있는 일이다. 아버지의 얼굴은 담담하셨다. 아들은 후회했다. "이럴 줄 알았다면 소화력이 조금이라도 있을 때 술을 사다 드릴걸!"

그 후, 아버지는 돌아가시기 직전까지 술 드시고 싶단 말씀을 한 번도 안 하셨다. 모든 사람의 무의식은 죽음의 때를 알고 스스로 준비한다. 아버지는 술이 위장에서 받지 않자 죽음의 때를 알고 준비하셨다.

산 사람이 죽어가는 사람을 위해서 해줄 수 있는 최선은 자기가 옳다고 여기는 것을 해드리는 것이 절대 아니다. 죽어가는 분이 원하는 것을 하도록 돕는 일이다. 죽음을 앞둔 몇 개월은 변화와 성장이 아닌 그가 살아온 삶을 스스로 정리하는 기간이다.

아들은 아버지를 생각할 때마다 두 마디의 말씀이 떠올랐다. "이제 와서 어쩌라고!" "이제 내가 술을 다 못 먹는구나!" 전자는 너희들의 삶을 과거에 묶어 두지 말라는 유언이었고, 후자는 모든 것은 다 때가 있으니 순리에 따르라는 유언이었다. 죽어가는 사람은 간혹 마음 깊은 곳에 있는 것을 의미심장한 언어로 표현한다. 아들은 깨달았다. "아버지의 두 마디는 아버지 스스로 자신의 죽음을 정리하신 유언이었다." 마음이 아들에게 물었다. "죽어가는 사람은 어떤 산 자보다도 죽음의 세계에 가까이 있다. 누가 더 죽음 준비를 잘 하겠는가?"

 죽음 준비는 다른 누가 해주는 것이 아닙니다.
죽어가는 사람이 원하는 것을 할 수 있게 돕는 것,
산 자의 의무는 그뿐입니다.

12장

신비
Spirituality

**내가 살아 있음을
느낄 수 있는 힘**

여행을 통해 신비 체험을 하고 싶습니다

그는 마음의 큰 짐 하나를 내려놓으려고 무작정 산티아고 순례길에 오르려 했다. 산티에고 순례길에서 만날 수 있는 신만이 그에게 필요했다. 프랑스행 비행기표를 끊으려다 여권이 만료됐다는 것을 알았다. 날이 새면 여권을 재발급 받으러 가려 했다. 그러나 간밤에 꾼 꿈속에서 너무나 또렷한 음성을 들었다. "네 곁에 너의 신이 있다."

그는 산티에고로 갈 것을 취소하고 한 일주일 동안 제주도 올레 길을 가려다 돌연 그것도 취소했다. 그리고 곧바로 지리산 산행을 갔다. 사람들이 거의 없는 고즈넉한 능선 길을 걸으며 가장 가까이 계신 신을 만났다. 그가 만난 신은 길게 뻗은 능선, 고사목, 거목, 꽃, 구름, 바람, 그리고 앞서 능선을 걷는 누군가의 뒷모습이었다. 그에게 깨달음이 왔다. "진정한 여행은 새로운 땅을 찾아가는 것이 아니라, 새로운 눈을 갖는 것이다." 어디서 들었으나 잊었던 이 글귀가 마음속에서 새롭게 들려왔다.

 신비는 먼 곳에 있지 않습니다.
당신의 곁에서 언제든지 눈을 뜨면 마주할 수 있는 것이
바로 생명력 넘치는 신비입니다.

따지고 보면 신 때문에 불행을 겪는 것만 같습니다

심리학 좀 공부한 학생들은 자기문제를 부모 탓으로 돌리는 경우가 적지 않다. 그 순간 책임에서 벗어나는 카타르시스를 느끼는 것 같다. "심리학을 공부해보니 내가 이렇게 소심하고, 자신감이 없는 것은 엄마가 나와 애착관계를 잘 못해줘서야." 심리학은 이렇게, 별 일 없는 관계를 별 일 있는 관계로 만들어 버리기도 한다.

대부분의 엄마들은 이런 말을 듣고 기분 나쁘다. "너도 애 낳고 한번 키워 봐" 혹은 "너도 너 같은 애 한번 키워 봐"라고 말해 놓고 엄마는 뒤돌아서서 그때에 잘못해준 애착관계를 후회한다. 엄마 역시 불완전한 존재로 아이를 낳고 키우다 보니, 나쁜 일의 원인은 항상 있고 그것은 어쩔 수 없이 일어난 것들이었다.

엄마도 어린 시절을 생각해 보니 늘 농사일로 바쁜 친정엄마가 애착관계를 잘못해준 것 같다. 엄마도 낮은 자존감을 친정 엄마 탓으로 돌렸다. "그래 미안하다. 나도 친정 엄마의 사랑이 부족해 자존감이 낮았고, 낮은 자존감으로 너를 키우다보니 너에게 나쁜 영향이 갔나보구나." 이렇게 말하고 싶으나, 아직은 자기 생각에 갇혀 있는 딸은 그런 엄마의 마음을 이해하지 못한다.

이렇게 계속 거슬러 올라가면 모든 문제는 에덴동산의 아담과 하와 탓이 된다. 아담과 하와도 할 말이 있다. "하나님, 왜 에덴동산에 먹어서는 안 되는 선악과를 만드셨고, 교활한 뱀을 만드셨나요. 다 하나님 때문입니다."

부모가 자식을 완전하게 키우지 못한 것, 그 원인도 거슬러 올라가면

신이 인간을 완전한 존재로 창조하지 않았기 때문이다. 신은 그 대가로 인간의 불만을 들어주어야 했고 사랑이어야 했다. 만일 악에서 유추된 불행이 없다면, 인간은 정상적인 정신 활동도 할 수 없을 것이다. 에너지는 서로 다른 두 개의 대극이 만나면서 생긴다. 부모의 자식 양육방식도 그러하다.

어떤 심리학자도 자녀를 자신의 이론대로 키우지 못한다. 심리학은 사람을 이해하는 도구는 될지언정, 결론을 내리는 도구는 아니다. 심리치료는 내담자 스스로 결론에 이르도록 전문적인 도움을 주는 것이지, 내담자를 개조하는 것은 아니다. 신이 내 마음에 말해줬다. "너희들의 불행은 나 때문인 것 맞다. 그런데 나 때문인 것을 너희가 왜 걱정하느냐. 나에게 놔두면 됐지."

 신은 그 대가로 인간의 불만을 들어줘야 했습니다.

그렇다면 우리 각자가 신이 되어

서로의 불만을 들어줘야 하지 않을까요.

공허 속에 충만한 존재

인간은 순수한 영혼이 둔탁한 육체에 잠깐 들어온 존재다. 정신과 육이 부조화하다 보니 그 갈등으로 인간의 내면에는 공허가 있다. 공허는 인간이 본래 있던 곳으로 돌아가고 싶으나 돌아갈 수 없는 내적 갈망을 담고 있다.

나의 심리클리닉에서 공허 때문에, 공허를 채우려고, 공허를 보상받으려고 찾아온 사람들을 만난다. 나는 나의 공허로 그들의 공허를 만난다. 공허는 타인의 공허를 가장 잘 알아본다. 나는 그들의 공허와 하나 되려는 조심스러운 시도를 하고, 마침내 나의 마음은 그들의 마음을 만난다.

공허는 신의 속성이기도 하다. 사람이 신을 만나야 하는 이유는 인간적 공허가 신적 공허를 만나 충만해지기 때문이다. 마음이 자아에게 알려주는 그 많은 삶의 지표는 공허에서 나왔다. 일생을 뒷받침해줄 의미 있는 체험을 하신 분들은 그때 깊은 공허 속으로 빨려 들어갔고, 이상하게 마음이 편했고 충만했다고 한다. 공허는 채우는 게 아니라 함께 나누는 거다. 신은 온 인류의 공허를 하나로 모아 충만해진 존재다.

허무한 마음이 들 때마다 견디기가 힘듭니다

마음의 허기를 어찌할 수 없는 분이 있었다. 그는 허기를 달래기 위해 말을 많이 했다. 선행을 베풀면 마음이 충만해진다는 말을 듣고 넉넉히 가진 돈으로 좋은 일도 했다. 그럴 때마다 듣는 인정의 소리가 있었고, 그 인정받는 소리에 허기는 위로 받았다. 그러나 인정을 받을 수 없을 때가 되면 그는 또 다시 익숙한 허무로 들어갔다. 이 허무는 어린 시절부터 그에게 있었던 것이고, 지금까지 그의 일생은 허무와의 싸움이었다.

마흔 중반을 넘기자 그 어떤 전략도 그의 허무를 이기지 못했다. 그는 오래된 허무를 이기는 방법은 신의 도움이라는 결론에 이르렀다.

어느 날 밤, 그가 믿는 신에게 소리쳐 기도했다.

"신이시여, 왜 저에게만 침묵하십니까?"

그러자 신이 말했다.

"침묵하다니! 나는 수시로 너에게 말을 하고 있는데."

그는 물었다.

"그런데 왜 저는 한 마디도 듣지 못합니까?"

신이 말했다.

"그것은 간단해. 나는 너의 허무로 말을 하는데, 너는 늘 허무를 피해 다녔어. 허무는 내가 인간을 만나려고 만든 나와 인간 사이의 공간이란다."

 허무한 마음이 들면 그때가 곧 신을 만나는 순간입니다.

허무를 없애기보다 허무와 계속 대화를 시도해보십시오.

스스로 잘난 척하는 존재

잘난 척을 즐기는 사람은 주기적으로 잘난 척을 해야 한다. 그들의 잘난 척을 잘 들어주는 것도 그들을 살리는 것이니 선한 일이다. 그들은 그들이 믿는 신으로도 잘난 척을 즐기는데, 이것이 지나치면 듣기 힘들어진다.

"이 모든 것은 신의 은총입니다." 그들은 잘난 척 거리를 신에게 돌리며 자신들의 믿음을 잘난 척한다. 이중으로 잘난 척하는 거다. 신의 은총은 신의 은총이라고 선전할 필요가 없다. 신의 은총은 선전하지 않을수록 빛난다. 신은 사람들이 대신해주는 잘난 척이 필요할 정도로 허한 분이 아니다.

신의 은총으로 자식이 좋은 대학에 갔다고 하는데, 엄청난 사교육비가 들어갔다. 신의 은총으로 좋은 직장에 취직했다고 하는데, 낙하산이었다. 신의 은총으로 사업이 잘 됐다고 하나, 부모의 경제적 지원이 컸다. 신의 은총으로 건강하다고 하는데, 온갖 건강식품을 다 챙겨 먹는다.

그럼에도 불구하고 모든 것이 다 신의 은총인 것은 맞다. 그렇다고 사람이 신의 잘난 척을 대신해줄 필요는 없다. 아무튼 사람들은 신을 사용해서도 잘난 척을 즐겨야 할 정도로 마음이 허하고, 신은 이를 용납한다. 마음이 들려줬다. "신은 스스로 잘난 척하는 존재다."

신의 잘난 척을 대신해주는 사람들의 이야기를 잘 들어주는 것은 신이 아닌 그의 마음을 달래주는 것이다.

인생의 중요한 결정을 두고 고민하고 있습니다

신심이 좋은 종교인이 있었다. 그는 스트레스는 더 많이 받으나 전망은 좋은 새로운 직장을 소개받았다. 서류를 다 준비해 놓고는 고민에 빠졌다. 이직이 나의 욕망을 위한 것인지 신의 뜻을 위한 것인지 알 수가 없었다. 신이 어떤 결정을 내려준다면, 그대로 하겠다는 마음으로 간절히 기도했다. 신은 침묵했다.

자기결정권을 존중하지 못하는 여린 마음이 어떤 때는 신심이 좋은 사람처럼 보이기도 하지만, 그런 사람은 너무 많은 생각으로 머리가 터질 지경이 된다. 겉으로는 자기 행복을 찾아 나서는 것에 대한 신의 응답을 구하는 것으로 보인다. 그의 내면은 새로운 직장이 더 좋은지, 지금의 직장이 더 좋은지에 대한 저울질로 바쁘다. 그가 부족한 것은 신의 음성을 듣는 신심이 아니라 선택과 결정의 용기다.

마침내 그는 신의 음성을 들었다. "너 하고 싶은 대로 하라. 그리고 결과를 기쁘게 받아들이고 거기서 배우라." 그는 이런 유보적인 응답도 정녕 신의 응답일 수 있느냐고 물었다. 신이 말했다. "나는 사랑이 무한해서 이것으로도 되고 저것으로도 된다."

 자기 인생의 선택과 결정은 누가 대신해주지 않습니다.

심지어 신조차도 결정해주지 않습니다.

무엇을 선택하든 그 결과에서 더 많은 것을 배우십시오.

죄를 짓지 않기 위해 불행을 감내하고 있습니다

남편이 도박 중독자임은 결혼하고 나서야 알았다. 내가 잘하고 기도 열심히 하면 남편은 돌아오겠지. 아내는 밑 빠진 항아리에 물붓기식인 남편의 돈 요구에 어쩔 수 없이 응해주면서 신께 기도하며 한 20년을 같이 살았다. 남은 것은 가슴에 응어리진 한, 그리고 빚 덩어리다.

이제는 아이들도, 친정식구도 모두 이혼하라고 한다. 이혼 외에는 행복을 찾을 길이 없다는 것을 아내도 잘 안다. 반대하는 것은 그녀의 종교적 초자아다. "이혼은 죄다."

비 오는 어느 날, 그녀는 저항의 표시로 비를 맞고 걸으며 신에게 물었다. "이혼은 죄인가요?" 신은 침묵했다. 비 오는 날, 비 맞고 다니면 미친년이란 소릴 들을 줄 알았는데 그렇게 말하는 사람은 아무도 없었다. 몇몇 지나가는 사람이 흘깃 보고는 다시 제 길을 갈 뿐이었다. 그녀는 묵은 갈등이 빗물에 씻겨 내려가는 것 같았고 이상하게 마음이 편했다. 남 눈치 안 보고, 안 하던 행동을 한 것의 놀라운 효과다.

온 몸이 빗물에 젖은 그녀는 이혼에 대한 새로운 깨달음이 생겼다. "내가 이혼을 죄라 여기는 것은 다른 사람의 시선 때문이었구나. 내가 다른 사람의 시선에 개의치 않는다면 이혼은 나의 선택권이다."

그러나 여전히 답답했다. 더 정확한 답을 들으려 그녀는 신에게 매달렸고, 신은 그를 다독여주었다. "난 네가 감기 걸리는 것을 원하지 않으니 어서 집으로 돌아가라."

그녀는 이 말의 의미를 충분히 이해할 수 있었다. 그동안 그녀는 독감에 걸려 사는 것을 신에 대한 충성으로 잘못 알고 살아왔다. 그녀는 더 크게 깨달았다. "나는 또한 그 독감을 신의 시험으로 믿고 살아왔으니 얼마나 어리석었던가." 그녀는 무엇을 하면 신의 명령을 어겨 '징벌을 받을까'에서, 무엇을 하면 신이 나로 인해 '기뻐하실까'의 신앙으로 바뀌었다.

 신은 우리가 불행해지는 것을 바라지 않습니다.

죄로 인한 징벌을 두려워하기보다

신과 함께 기뻐할 수 있는 일을 선택하십시오.

어떻게 하면 신을 만날 수 있을까요

그는 그가 잘 지켜온 윤리적 행동 규범을 어겨 죄를 지었다. 그는 죄라고 여기고 있지만 그 행동을 죄라고 여기지 않는 사람도 많다. 아무래도 윤리니 죄니 하는 것들은 상대적이다. 그가 종교에 귀의한 이후로 그 윤리적인 죄는 신의 명령을 거역한 종교적인 죄로 변했다. 그는 어떤 생각이나 행동을 하는 중에, 혹은 하고 나서, 자칭 경건 의례를 치른다. "내가 한 언행은 나를 위한 것인가, 신을 위한 것인가?"

나를 위한 것이라면 신 앞에서 용서를 빈다. 대부분의 경우가 이렇다. 아주 가끔 신의 뜻을 이루어드린 것 같아 기쁘지만 그것은 적고 오래 안 간다. 그런데 묘한 일이다. 스스로 만든 높은 종교적이고 윤리적인 담장을 넘지도 못하면서, 그런 담장을 가진 것만으로도 자신이 의인이란 생각이 들었다.

세월이 흐르자 그가 만든 담장이 곧 그에게 신이 되어버렸다. 그에게 신은 그가 만든 담장 높은 울타리였다. 신은 어떠해야 한다는 규정을 그가 만들었고, 신에 대한 충성의 조약도 그가 만들었다. 그의 신은 그를 위하여 그가 탄생시킨 것이다. 그는 신을 존재하게 하려고 무진 애를 썼다. 그의 애씀을 보고 측은히 여긴 신이 그에게 말했다. "나는 스스로 존재한다. 너의 신관이 해체돼야 신을 만난다."

 자신이 만든 규범이나 울타리를 넘어
삶의 모든 순간에서 미세하게 들리는 마음의 소리를 들으십시오.
거기에 스스로 존재하는 신이 있습니다.

천국에 가려고 천국을 떠난 사람들

로마의 압제, 기득권자의 횡포, 벗어나기 힘든 가난 등으로 천국을 사모하는 사람들이 예수께 물었다. "천국은 어디 있는 겁니까?" 이 질문에는 살기가 너무 힘들다는 백성들의 절실함이 묻어 있었다.

그들의 초라한 복장, 지친 표정, 새로운 세계를 갈망하는 눈동자를 물끄러미 바라보시던 예수가 말했다. "어디 있기는? 지금 여기가 바로 천국이야." 삶에 지친 그들은 예수의 말씀을 받아들이기 힘들었다.

예수는 사람들이 천국에 있으면서도 천국을 찾아다니는 모순을 지적한 것이다. 천국은 물리적 환경이 아니다. 밭에 묻힌 보화를 발견한 사람처럼, 발견한 사람이 바로 그 자리에서 얻는 것이다.

그의 여행길은 아직 끝나지 않았다

저자의 손을 떠난 책의 해석은 독자에게 달렸다고 한다. 독자들은 나의 마음의 소리를 들으며 다양한 경험을 했을 거다. 기쁨을 주거나 고민을 주거나. 희망을 주거나 절망을 주거나. "맞아" 하거나 "아니야" 하거나. 당면한 문제를 풀어주거나 새로운 문제를 더 얹혀 주거나. 무겁거나 가볍거나. 이렇게 서로 다른 두 생각이 서로를 인정해주면, 의식의 지평은 기대 이상으로 넓어진다.

한 사람의 깨달음이 다른 사람들을 어느 정도는 만족시켜주나, 완전하게는 아니다. 모든 사람은 각자만의 길이 있고 거기서 배워야 할 것이 있기 때문이다. 이 책이 줄 수 없는 나머지는 그가 채워나가야 하고 그 나머지야말로 진정한 자기 자신이 되게 할 것이다.

마음의 성장을 위한 여행은 아직 끝나지 않았다.

내 감정에 지쳐갈 때, 마음 잠언 148

너의 화는 당연하다

1판 1쇄 인쇄 2019년 9월 4일
1판 1쇄 발행 2019년 9월 18일

지은이 박성만
펴낸이 고병욱

기획편집실장 김성수   책임편집 김경수   기획편집 허태영
마케팅 이일권, 송만석, 현나래, 김재욱, 김은지, 이애주, 오정민
디자인 공희, 진미나, 백은주   외서기획 이슬
제작 김기창   관리 주동은, 조재언   총무 문준기, 노재경, 송민진

펴낸곳 청림출판(주)
등록 제1989-000026호

본사 06048 서울시 강남구 도산대로 38길 11 청림출판(주)
제2사옥 10881 경기도 파주시 회동길 173 청림아트스페이스
전화 02-546-4341 팩스 02-546-8053

홈페이지 www.chungrim.com
이메일 cr2@chungrim.com
페이스북 https://www.facebook.com/chusubat

ⓒ 박성만, 2019

ISBN 979-11-5540-154-5 03180